Owen Beattie / John Geiger
Der eisige Schlaf

SERIE PIPER
Band 2113

Zu diesem Buch

Am 19. Mai 1845 brach der britische Seeoffizier und Polarforscher Sir John Franklin zur Arktis auf, um die Nordwestpassage zu suchen. Die Forschungsreise endete in einer Katastrophe, in der alle 129 Besatzungsmitglieder den Tod fanden. Zahlreiche Hilfs- und Suchexpeditionen hatten den Untergang der bestens ausgerüsteten Elitemannschaft nicht verhindern können und brachten auch in der Folgezeit keinen befriedigenden Aufschluß über die Gründe für das völlige Scheitern des Unternehmens.

Knapp 140 Jahre später stieß der kanadische Anthropologe Owen Beattie auf der Suche nach der verschollenen Expedition in der Arktis auf aufsehenerregende Spuren. Im Permafrost des Polargebietes fanden sich nicht nur Überreste der mitgeführten Ausrüstung und menschlicher Skelette, sondern auch die Gräber dreier victorianischer Seeleute, deren Körper gut erhalten waren. Die wissenschaftliche Erforschung dieser Funde erbrachte den Beweis für Beatties neue Theorie über die Umstände und Ursachen des grauenhaften Sterbens dieser Männer.

Owen Beattie, geboren in British Columbia, ist Associate Professor für Anthropologie an der University of Alberta, Kanada, und Leiter des Franklin-Projektes.

John Geiger, geboren 1960 in Ithaca, New York, promovierte an der University of Alberta im Fach Geschichte. 1984 erhielt er den »Edward Dunlop Award of Excellence« für seine Berichte über die Erforschung der Franklin-Expedition.

Owen Beattie / John Geiger

Der eisige Schlaf

Das Schicksal der Franklin-Expedition

Aus dem Englischen
von Uta Haas
Mit einem Vorwort
von Sten Nadolny

Mit 40 farbigen und 19 Schwarzweiß-Abbildungen
und zwei Karten

Piper
München Zürich

SERIE PIPER
ABENTEUER
Herausgegeben von Harald Eggebrecht

Außerdem liegen vor:
Joe Simpson, Sturz ins Leere (1247)
Bettina Selby, Ah Agala! (1257)
Lucy Irvine, Eva und Mister Robinson (1274)
Arved Fuchs, Im Faltboot um Kap Hoorn (1327)
Herbert Rittlinger, Ich hatte Angst (1340)
Reinhold Messner, Die Freiheit, aufzubrechen, wohin ich will (1362)
Jean-Yves Domalain, Panjamon (1383)
Wilfried Thesiger, Die Brunnen der Wüste (1407)
Jeana Yeager / Dirk Rutan, Voyager (1435)
Peter Fleming, Brasilianisches Abenteuer (1436)
Mario Richner, Urwald, Gold und Indios (1474)
Olivier de Kersauson, Die Fahrt über den Ozean (1484)
Tété-Michel Kpomassie, Ein Afrikaner in Grönland (1523)
Leosch Schimanek / Cestmir Sebesta, Durch die Wildnis zum Eismeer (1578)
Rollo Gebhard, Seefieber (1647)
Harry E. Rieseberg, Ich tauche nach Schätzen (1688)
Gernot Spielvogel-Herrmann, 2000 Meilen Freiheit (1697)
Michael Asher, Zu zweit gegen die Sahara (1710)
Reinhold Messner, Antarktis (1711)
Bettina Selby, Timbuktu! (1724)
Rüdiger Nehberg, Abenteuer am Blauen Nil (1796)
Steven Callahan, Im Atlantik verschollen (1798)
Gérard d'Aboville, Allein (1905)
Ron Hall / Nicholas Tomalin, Die sonderbare Reise des Donald Crowhurst (1925)
Rüdiger Nehberg, Über den Atlantik und durch den Dschungel (1965)

Die Originalausgabe erschien 1987 unter dem Titel
»Frozen in Time: That fate of the Franklin expedition«
bei Bloomsbury Publishing Ltd., London.

ISBN 3-492-12113-6
Neuausgabe November 1994
2. Auflage, 11.–15. Tausend
(1. Auflage, 1.–5. Tausend dieser Ausgabe)
R. Piper GmbH & Co. KG, München
Lizenzausgabe mit Genehmigung der vgs verlagsgesellschaft, Köln

Umschlag: Federico Luci
Satz: Fotosatz Berger, Köln
Druck und Bindung: Clausen & Bosse, Leck
Printed in Germany

FÜR SHIRLEY F. KEEN – JG.
FÜR MEINE FAMILIE – OB.

INHALT

Danksagungen VIII
Vorwort XII

TEIL I: DIE SKELETTE
1. Ein arktisches Geheimnis 3
2. Auf dem Weg ins Eismeer 5
3. Die Landenge der Gräber 19
4. Die Insel des Todes 27
5. Verstreute Knochen 51
6. Schatten 63
7. Eine Tür öffnet sich 83

TEIL II. DIE MÄNNER IM EIS
8. Über dem Abgrund 91
9. Das Gesicht des Todes 111
10. Ein Beweis wird erbracht 121
11. Die zweite Begegnung mit dem Mann im Eis 129
12. Royal Marine 144
13. Des Rätsels Lösung 153

DANKSAGUNGEN

An diesem Projekt haben auf die eine oder andere Weise so viele Personen und Institutionen mitgewirkt, daß es mir nicht möglich ist, sie hier alle namentlich aufzuführen. Ihnen allen bin ich für ihre Hilfe dankbar.

Die Feldforschungen und Laboruntersuchungen, die in diesem Buch beschrieben sind, wurden vom Social Sciences and Humanities Research Council of Canada, dem Boreal Institute for Northern Studies, dem Polar Continental Shelf Project und der University of Alberta unterstützt. Ihnen gilt meine Dankbarkeit. Darüber hinaus hat das Projekt in den einzelnen Abschnitten dankenswerter Weise Hilfe von der Park Nicollet Medical Foundation, dem Science Advisory Board (NWT), dem Alberta Worker's Health and Compensation, dem Public Affairs Office (University of Alberta) und Taymor Canada bekommen.

Vor allem aber möchte ich meinen Mitarbeitern auf Beechey Island danken: Walt Kowal, Eric Damkjar, Arne Carlson, Roger Amy, Joelee Nungaq, James Savelle, Derek Notman, Larry Anderson, Brain Spenceley, Geraldine Ruszala und Barb Schweger. Ohne ihren Einsatz, ihr Wissen, ihr Verständnis, ihre Mitarbeit und ihre Hingabe wäre dieses Buch (und die Untersuchung) nicht zustandegekommen. Dasselbe gilt für meine Mitarbeiter auf King William Island: Arsien Tungilik, Karen Digby-Savelle, Kovic Hiqiniq und Mike Aleekee sowie Dr. K. Kowalewska-Grochowska (University of Alberta Hospital), Silvia Chomyc (Tuberculosis Control Unit, Provincial Laboratory of Public Health – Alberta) und das Netsilik Archaeology Project (James Savelle), denen ich in gleicher Weise meinen Dank abstatten möchte.

Zum Schluß noch ein Wort des Dankes an all jene, die mir geschrieben und ihr Interesse an unserer Arbeit bekundet, die uns angespornt und uns um weitere Informationen über Franklin, die kanadische Arktis sowie allgemein über Anthropologie gebeten haben. Leider war es mir nicht möglich, alle diese Briefe zu beantworten, und so möchte ich dies mit meinem Buch in gewisser Weise nachholen.

Owen Beattie

Ich darf mich sehr herzlich bei all denen bedanken, die mich bei meiner journalistischen Arbeit unterstützt haben, vor allem bei: Eddie Keen, Rebecca J. Geiger, Dr. K.W. Geiger, A.L. Gilchrist, Chris Nelson, Graham Dalziel, Dian Keen, Victor Spinetti, David C. Staples, Bob Comfort, Mary Howes, Ted Lumsden, Mel Hurtig, dem EDMONTON SUN und Dr. Elliot T. Gelfand sowie Dr. E.P. Schuster.

John Geiger

Der Dank beider Autoren geht schließlich an: die University of Alberta libraries, die Boreal Institute for Northern Studies library, Donald Bray, Richard Daly, Tinsel Media Productions, Lucinda Vardey und Carolyn Brunton.

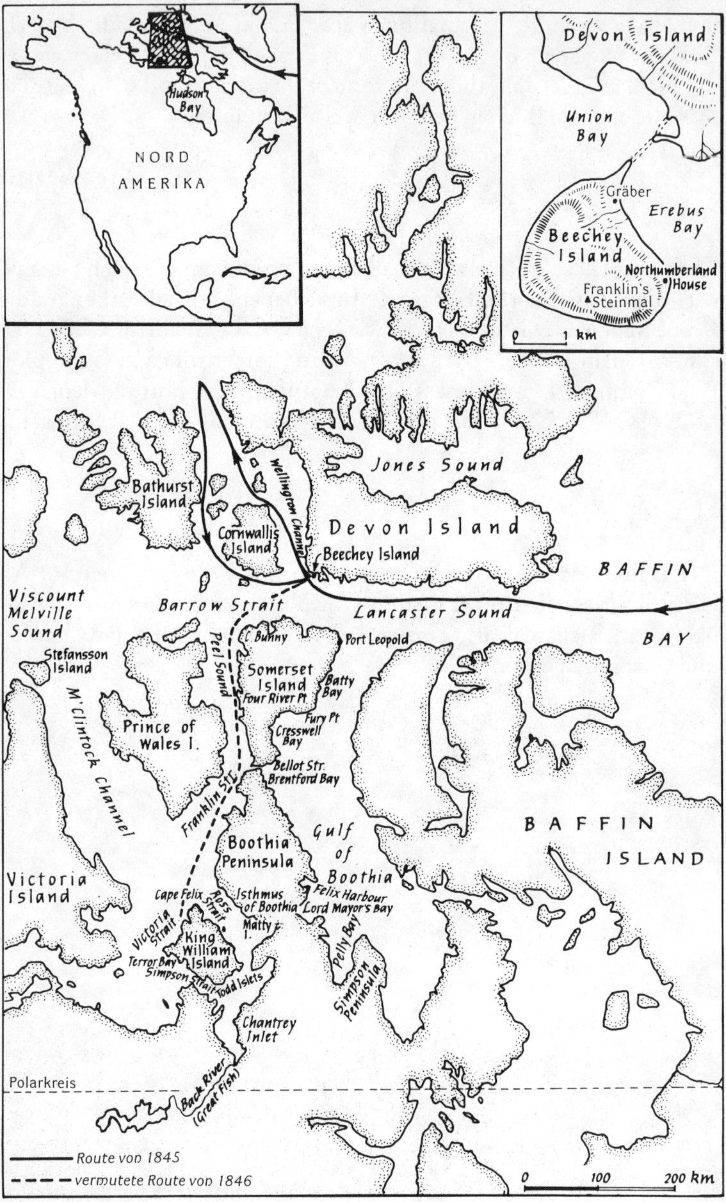

Hudson Bay
NORD AMERIKA
Devon Island
Union Bay
Gräber
Erebus Bay
Beechey Island
Northumberland House
Franklin's Steinmal
0 1 km
Jones Sound
Bathurst Island
Wellington Channel
Cornwallis Island
Devon Island
Beechey Island
BAFFIN BAY
Viscount Melville Sound
Barrow Strait
Lancaster Sound
C. Bunny
Port Leopold
Stefansson Island
Peel Sound
Somerset Island
Four River Pt
Batty Bay
M'Clintock Channel
Prince of Wales I.
Fury Pt
Cresswell Bay
Bellot Str.
Brentford Bay
Franklin Str.
Boothia Peninsula
Gulf of Boothia
BAFFIN ISLAND
Victoria Island
Cape Felix
Ross Strait
Isthmus of Boothia
Felix Harbour
Lord Mayor's Bay
Victoria Strait
Matty I.
King William Island
Pelly Bay
Terror Bay
Simpson Strait
Todd Islets
Simpson Peninsula
Chantrey Inlet
Polarkreis
Back River (Great Fish)
Route von 1845
vermutete Route von 1846
0 100 200 km

Lageplatz der Schiffe, als sie verlassen wurden
Cape Felix
James Ross Strait
Cape Maria Louisa
Victoria Strait
Victory Pt.
Crozier's Landing
Cape Jane Franklin
Franklin Point
Gore Point
Collinson Inlet
Seal Bay
Point Le Vesconte
KING WILLIAM ISLAND
Erebus Bay
Rivière de la Roquette
Little Point
Der „Bootplatz"
Cape Crozier
Rae Strait
Terror Bay
Washington Bay
Cape John Herschel
Gladman Point
Peabody Point
Douglas Bay
Gjoa Haven
Simpson Strait
Storis Passage
Tulloch Point
Booth Pt.
Richardson Point
Ogle Point
Queen Maud Gulf
Starvation Cove
ADELAIDE PENINSULA
Chantrey Inlet
0 10 20 30 40 km
Back River 100 km

VORWORT

So also erkärt sich das bekannte schreckliche Ende der Franklin-Expedition! Viele Berichte und Mutmaßungen aus bald anderthalb Jahrhunderten habe ich gelesen, aber nur wenige wiesen in die jetzt bestätigte Richtung. Dafür fügten die meisten Autoren mehr oder weniger bewußt etwas anderes mit bei. Eigenes: Wunschträume vom harten, heilen Leben, von der Wärme menschlicher Verläßlichkeit im ewigen Eis, Hoffnungen weit über die Nordwestpassage hinaus, Utopien des neunzehnten Jahrhunderts, Bilder von deren Scheitern im zwanzigsten. Das alles hat sich, so scheint mir, immer wieder im Mythos Franklin gespiegelt – bis heute...

Man liebte ihn schon zu Lebzeiten: ein friedlicher bürgerlicher Held voller Güte, ein nachdenklicher Forscher, stark gegen Anfechtungen der Eitelkeit, des Klein- oder Übermuts, ein Kapitän, der nie aufgab. Als viele Jahre nach seiner letzten Ausfahrt sichere Beweise für den Untergang gefunden waren, meldeten sich auch Kritiker und meinten Fehler zu sehen, an denen es gelegen habe – man glaubte nicht länger an die Ohnmacht des Menschen gegenüber der Natur, sondern an Fortschritt, Dampfmaschinen, Dosenkost und, bei Mißerfolg, menschliches Versagen. Franklins Leben, wie ich es mir vor Jahren gedeutet und erschrieben habe, schien mir symbolisch für meine eigene Zeit: beharrliche Flucht vor Mitteilungen, die das Wissen vermindern; vor Nahrung, die sicherer tötet als Hunger; Arznei, die schlimmer ist als Krankheit; Schnelligkeit, die Zeit kostet; Sicherheit, die dem Untergang preisgibt. Ich wußte noch nicht, in wie trauriger Weise dies auch für Franklins Ende galt.

Dem Buch von Beattie und Geiger sind in der Weltpresse die Photographien eines im Eis erhaltenen Leichnams vorausgegangen. Was die Lektüre fesselnd macht, ist aber keinerlei Gruseleffekt, sondern etwas vom Franklin'schen Geist: unermüdliche, sorgfältige Arbeit führte zur Lösung des Rätsels um die toten Seeleute von „Erebus" und „Terror".

Sten Nadolny

TEIL I
DIE SKELETTE

O then
Pause on the footprints of heroic men
Making a garden of the desert wide
Where Parry conquer'd death and Franklin died.

CHARLES DICKENS

1
EIN ARKTISCHES GEHEIMNIS

Seit dem Sommer 1848, als der lange Marsch eines unbekannten britischen Seemanns, eines Teilnehmers an der 3. Polarexpedition Sir John Franklins, am südlichen Ufer von King William Island endete, haben seine Gebeine darauf gewartet, ihre Geschichte zu erzählen. Aber mit jedem Jahr, das verging, wurde die Chance ihrer Entdeckung auf jener Polarinsel geringer. Die verheerenden Auswirkungen der eisigen Wintermonate und die Folgen der Schnee- und Eisschmelze in den kurzen Sommern drohten sie für immer zu vernichten. Am 29. Juni 1981, 133 Jahre nach dem Tod jenes Seemanns, wurden dann plötzlich von Wissenschaftlern der University of Alberta auf einer kleinen Landzunge, die in das eisige Wasser der Simpson Strait hineinragt, Teile eines ausgebleichten menschlichen Schädels gefunden.

Franklins vorzüglich ausgerüstete und vorbereitete Expedition endete 1848 in einer unbegreiflichen Tragödie. Kein einziger der 129 Teilnehmer kehrte aus der arktischen Einöde zurück, um von ihren Erfolgen oder Leiden zu berichten. Beide Expeditionsschiffe, die HMS *Erebus* und die HMS *Terror*, verschwanden ebenso wie alle jemals vorhandenen schriftlichen Reiseaufzeichnungen. Britische und amerikanische Forscher, die nach einer Erklärung für dieses Verschwinden suchten, waren betroffen, wie wenig Spuren die Expedition hinterlassen hatte. Vage Erzählungen der eingeborenen Inuit, ein paar Werkzeuge und menschliche Überreste sowie eine einzige, tragische Notiz, die von den Forschungsexpeditionen des 19. Jahrhunderts entdeckt wurde, waren alles, worauf sich die Historiker bei ihrer wahrscheinlich richtigen und dennoch unvollständigen Rekonstruktion der Ereignisse stützen konnten.

Man hoffte, daß ein neuer Fund, den die Wissenschaftler der University of Alberta gemacht hatten, ein wenig mehr Licht auf die letzten Tage der vom Schicksal geschlagenen Expedition werfen würde. Auf den Todeskampf jener Männer, die in dem eisbedeckten, unbekannten Land nach einer Nordwestpassage gesucht und statt dessen Hunger, Skorbut und die Schrecken des Kannibalismus kennengelernt hatten. Daß dieser Knochen dann noch sehr viel mehr an Erkenntnissen ermöglichte, grenzt an ein Wunder. In den nächsten fünf Jahren gab er den Anstoß zu drei wissenschaftlichen Expeditionen in die kanadische Arktis. Auf jeder dieser Reisen wurden Fäden neu entwirrt. Der Höhepunkt war schließlich die Entdeckung dreier völlig erhaltener Leichen von Mitgliedern der Franklin-Expedition auf Beechey Island. Die Untersuchung dieser früh-viktorianischen Eisleichen ermöglichte den Wissenschaftlern einen beispiellosen Einblick in eine Welt, die sich von der unseren sehr unterschied. Damit gelang es ihnen als ersten, die einzelnen Ereignisse, die zum Zusammenbruch des größten Unternehmens in den Annalen der Polarforschung geführt haben, exakt zu rekonstruieren.

2
AUF DEM WEG INS EISMEER

Es fällt schwer, sich vorzustellen, daß Sir John Franklins gewaltige Expedition, die aufs vorzüglichste mit allem ausgerüstet war, was Wissenschaft und Technik damals zu bieten hatten, und deren Teilnehmer sich aus der Elite der Royal Navy und der britischen Handelsflotte rekrutierten, in einer derartigen Katastrophe enden konnte.

Und doch lagen nur drei Jahre zwischen dem Tag, an dem die letzten der 129 Expeditionsteilnehmer in der Starvation Cove an Amerikas Nordküste in den Tod stolperten, während die unbekannte Ferne noch immer ihre Träume beherrschte, und dem Tag, da sich Franklins Mannschaften darauf vorbereiteten, mit der 370 t großen *Erebus* und der 340 t großen *Terror* von Greenhithe in der Nähe Londons abzulegen. Sie wollten „das nördliche Eismeer durchdringen und Amerika umsegeln".

Franklin kannte die geheimnisvolle Welt der gewaltigen Inselgruppe, die sich vom nordamerikanischen Festland bis zum Nordpol erstreckte. Dieses Labyrinth aus Land und Meer bildete ein gefährliches Hindernis für alle, die den Versuch unternahmen, eine Nordwestpassage zu finden. Dabei beschränkten sich die Schwierigkeiten keineswegs auf die Geographie. Die Seefahrer mußten außerdem mit der überwältigenden Kraft des Eises rechnen, das ihre Schiffe auf Berge von Eis hochschieben, aber ebenso leicht die Schiffswand durchbohren und sie in die Tiefe der Polarsee schicken konnte. Und schließlich kamen noch die bittere Kälte, das 24-Stunden-Zwielicht und die Dunkelheit des arktischen Winters hinzu.

Schon 300 Jahre vor Franklin waren hier Expeditionen gescheitert, die einen Seeweg nach China und Ostindien gesucht hatten. Ein Gelehrter des 17. Jahrhunderts hat die Suche nach der Nordwestpassage mit der legendären Reise Jasons und der Argonauten nach Kolchis verglichen. Immerhin, so bemerkte William Watts, Professor in Cambridge, habe Jason das goldene Vlies gefunden, während die Nordwestpassage „zwar schon häufig gesucht, aber nie gefunden worden sei". Keine der Expeditionen, angefangen von den Forschungsreisen Martin Frobishers und John Davis', die der Illusion einer offenen Polarsee und einer Handelsroute entlang der Nordküste Amerikas nachjagten, bis zu den Entdeckungsreisen des 19. Jahrhunderts, die von Kapitän William Edward Parry und Kapitän John Ross geleitet wurden, waren in der Lage gewesen, den Eisriegel zu durchbrechen, der die Passage verschließt.

Franklin wußte auch von den zahlreichen Todesopfern, die diese Polarexpeditionen in den vergangenen Jahrhunderten gefordert hatten. Im Mai 1619 war der dänische Marinekapitän Jens Munk mit 3 Schiffen aufgebrochen, um die Nordwestpassage zu suchen. Nachdem er zunächst an der Küste von Baffin Island entlang gesegelt war, drang er Ende August in die Hudson Bay ein und war gezwungen, in der Mün-

Die Polarregionen, wie man sie sich im viktorianischen England vorstellte

dung des Churchill River zu überwintern. Hier starben 61 seiner 64 Leute an den Folgen extremer Kälte und an Skorbut. Munk und die beiden anderen Überlebenden warfen die Leichen aus dem kleineren der beiden Schiffe über Bord und schafften es, im Herbst 1620 nach Hause zurückzusegeln. Fast 100 Jahre später segelte James Knight, der

Ein Foto Sir John Franklins

Leiter der Hudson's Bay Company, in die Bucht hinaus. Auch er war auf der Suche nach einem Seeweg, aber gleichzeitig wollte er einen Schatz an Edelmetallen heben, den er in Kanadas arktischer Einöde vermutete. Knights Expedition tauchte nie wieder auf. Über 40 Jahre vergingen, bevor ihr Schicksal durch Samuel Hearne von der Hudson's Bay Company endlich aufgeklärt werden konnte. Knight und seine Crew hatten vor Marble Island Schiffbruch erlitten. Hier hatten einige der Mannschaftsmitglieder mehrere Jahre überlebt, bevor auch sie der Kälte und dem Skorbut zum Opfer fielen. Inuit berichteten später, sie hätten die beiden letzten Überlebenden der über 40 Mann starken Crew beobachtet, wie diese auf der Spitze der Insel gestanden und vergebens nach einer Rettungsexpedition Ausschau gehalten hätten. Hearne berichtete:

> Nachdem sie dort gemeinsam eine beträchtliche Zeit ausgeharrt hatten – ohne daß sich etwas zeigte –, setzten sie sich nah nebeneinander auf den Boden und weinten bitterlich. Schließlich starb der eine. Der andere war bereits so erschöpft, daß er bei dem Versuch, seinen Gefährten zu begraben, hinstürzte und ebenfalls starb.

Diese ersten Entdecker lieferten einen bedeutenden Beitrag zur Geographie und Wissenschaft, aber sie zahlten für ihre Entdeckungen einen schrecklichen Preis. Die Überreste hunderter europäischer Seeleute sind über die ganze kanadische Arktis verstreut; zur tragischen Erinnerung an verlorene Träume.

Vor dem Auslaufen der *Erebus* und *Terror* hatte es im 19. Jahrhundert aber auch eine Reihe Polarexpeditionen gegeben – häufig mit dem Ziel, die Grenzen des britischen Empire zu erweitern –, die zwar ebenfalls im Eis steckengeblieben waren, aber außer den „normalen" Todesfällen keine größeren Verluste an Menschenleben zu beklagen hatten. William Edward Parry konnte einen Teil der Nordwestpassage kartographieren, als 1819 eine Expedition unter seinem Kommando (die erste von dreien) durch den Lancaster Sound bis Melville Island vordrang, wo seine beiden Schiffe den Winter über vor Anker gingen, bevor sie die Rückreise antraten. John Ross' zweiter Versuch (1829–33), die Passage zu finden, endete damit, daß die Mannschaft ihr winziges Schiff, die HMS *Victory*, nahe Boothia Peninsula und SomersetIsland aufgeben mußte und erst nach einem insgesamt 4jährigen Aufenthalt in der Arktis von einem Walfänger gerettet wurde. Sir John Barrow, 2. Sekretär der Admiralität, trat 1844 für einen weiteren Versuch ein, die Nordwestpassage zu erschließen, und meinte:

> Es bestehen keine Bedenken, daß Schiffe oder Mannschaften eventuell verlorengehen könnten. Die beiden Schiffe, die kürzlich im Eis der arktischen See im Einsatz waren, kamen nach 3 Reisen in so gutem Zustand nach England zurück, daß sie unverzüglich für die vorgeschlagene Nordwest-Expedition bereitgestellt werden können. Was die Mannschaften betrifft, ist zu bemerken, daß auf den meisten Reisen in die nördliche wie südliche Arktis weder Krankheits- noch Todesfälle auftraten.

Die Schiffe, von denen Barrow sprach, waren die *Erebus* und die *Terror.* Ursprünglich waren sie für die Royal Navy als Bombardierschiffe gebaut worden, deren Aufgabe es war, mit Mörsern Sprengladungen in an Land gelegene Festungen zu schleudern. Für ihren Einsatz bei der Antarktisexpedition unter Sir James Clark Ross (1839 – 43) waren die Schiffsrümpfe der Dreimaster zum Schutz gegen das Eis bereits verstärkt worden. Ross, der als junger Offizier unter seinem Onkel John Ross auf der unseligen *Victory* gedient und als erster 1831 den magnetischen Nordpol entdeckt hatte, war anschließend von der Royal Navy ausgesandt worden, auch den südlichen Magnetpol zu lokalisieren. Ross kartographierte 800 km Küstenlinie, entdeckte das antarktische Eisschelf und sichtete einen rauchenden Vulkan, den er nach seinem Schiff „Mount Erebus“ nannte. Ein Krater in der Nähe erhielt nach dem kleineren der beiden Schiffe den Namen „Terror“. Als er im Herbst 1843 nach England zurückkehrte, hatte sich Ross den Ruf des in der Welt führenden Antarktisforschers erworben.

Eine Expedition, die die Nordwestpassage vervollständigen sollte, wurde für die *Erebus* und *Terror* für Mai 1845 vorgesehen. Ross wurde die Leitung der Expedition angeboten, aber getreu einem Versprechen, das er seiner jungen Frau gegeben hatte, lehnte er das Angebot ab. An seiner Stelle fiel die Wahl auf Sir John Franklin. Seine Ernennung zum Leiter der Expedition entfachte eine heftige Diskussion hinter den Kulissen. Immerhin war er bereits 59 Jahre alt und seit 17 Jahren nicht mehr in der Arktis gewesen. Viele Marineoffiziere waren der Ansicht, daß man das Kommando einem jüngeren und agileren Mann hätte übertragen sollen.

Franklin wurde am 16. April 1786 in Spilsbury, Lincolnshire, geboren. Mit 14 Jahren trat er in die Royal Navy ein, nahm an zahlreichen berühmten Seeschlachten während der napoleonischen Kriege teil, einschließlich der Schlacht von Trafalgar, und wurde 1814 bei einem völlig mißglückten Versuch, New Orleans einzunehmen, leicht verwundet. Nachdem der Herzog von Wellington Kaiser Napoleon Bonaparte in der Schlacht bei Waterloo 1815 endgültig besiegt hatte, mußte die Royal Navy für ihre besten Nachwuchsoffiziere neue Aufgaben finden. Und so wurde die Erforschung der Arktis für diese Offiziere eine Möglichkeit, sich in Friedenszeiten zu bewähren. Franklin begann seinen „Polar"-Dienst im Mai 1818 als 1. Offizier unter Kapitän David Buchan auf dessen gescheiterter Reise nach Spitzbergen.

Es ist nicht bekannt, ob der junge Leutnant ein Exemplar von Mary Shelleys klassischem Roman *Frankenstein* in seinem Gepäck hatte, der gerade zwei Monate zuvor herausgekommen war. Wenn ja, mag er einige Ansichten des jungen Kapitäns Robert Walton in diesem Buch geteilt haben. Vor seinem Treffen mit dem Frankenstein-Monster auf der treibenden Eisscholle im Polarmeer sann Walton über seinen Wunsch nach Abenteuern in der Arktis nach:

> Ich werde meine glühende Neugier befriedigen durch den Anblick eines Teils der Welt, den noch kein Mensch vor mir gesehen hat, und ich werde ein Land betreten, auf das noch nie jemand seinen Fuß gesetzt hat. Das ist es, was mich reizt, und es genügt, um alle Furcht vor Gefahr und Tod zu besiegen.

1819 segelte Franklin abermals in den Norden. Diesmal als Leiter einer Überland-Expedition, deren Teilnehmer im Auftrag der Admiralität von der Hudson Bay bis zum Polarmeer marschieren und Nordamerikas unerforschte arktische Küste kartieren sollten. Franklin vermaß erfolgreich 340 km der eisigen Uferlinie östlich des Coppermine River. Der Rückmarsch über die kanadische Tundra oder „Barren Grounds" endete allerdings tragisch mit dem Tod von zehn seiner Leute durch Hunger und Kälte, was zum Teil daran lag, daß Franklin mit den Gegebenheiten dieses nördlichen Gebietes nicht vertraut war. Franklin selbst entging nur knapp dem Tod. Fast wäre er verhungert, bevor Hilfe kam. Nach London zurückgekehrt, beschäftigte sein Bericht über ihre heldenhafte Leistung, die von Mord, Kannibalismus und seinen eigenen Leiden überschattet war, die Phantasie der Öffentlichkeit. Zum Kapitän befördert, kehrte er noch einmal in dieselbe Gegend zurück, um von 1825 – 27 eine zweite, gut vorbereitete Überland-Expedition zu leiten. In ihrem Verlauf kartierte er weitere 640 km der arktischen Küste, wofür er geadelt wurde.

Nach einer kurzen Dienstzeit im Mittelmeer und einer anschließenden Amtszeit als Kolonialgouverneur in Van Diemen's Land, dem heutigen Tasmanien (bei Australien), wurde dem alternden Seemann das

Kapitän Francis Crozier

Kommando für die größte Einzelexpedition übertragen, die England je ausgerüstet hatte.

Die ausgezeichneten Royal Navy-Offiziere Kapitän Francis Crozier und Commander James Fitzjames wurden der Expedition ebenfalls zugeteilt. Der erfahrene Crozier hatte unter dem Kommando von Edward Parry bereits an mehreren früheren Versuchen teilgenommen, sowohl eine Nordwestpassage zu finden als auch den Nordpol zu erreichen. Ferner hatte er als 1. Offizier an Ross' Antarktis-Expedition teilgenommen und dabei ebenfalls die *Terror* kommandiert. Fitzjames hatte als Maat an Bord jenes Dampfers gedient, der als erster erfolgreich den Euphrat bezwungen hatte, und war auf Schiffen gefahren, die im Mittleren Osten und China operiert hatten, bevor er sich für das romantische Abenteuer der Nordwestpassage zu interessieren begann.

Obwohl weder die *Erebus* noch die *Terror* unter Ross Anlaß zu irgendwelchen Beanstandungen gegeben hatten, wurden ihre Rümpfe für die geplante Expedition zusätzlich verstärkt. Unter anderem wurde der Bug mit Eisenplatten verkleidet. Weitere Veränderungen dienten dazu, der Expedition ihre Fahrt durch das gefährliche arktische Wasser zu erleichtern. Die Schiffe bekamen einen Heißwasserkessel, aus dem durch Dampfdruck heißes Wasser in ein 30 cm starkes Rohr gedrückt wurde, das unter dem Deck entlang führte und die Mannschaftsräume sowie alle übrigen Teile des Schiffes heizte. In die Kombüsen wurden Entsalzungsanlagen eingebaut.

Als geradezu revolutionäre Neuheit wurden in beide Schiffe für den Notfall komplette Dampflokomotiven mit speziell angefertigten Schiffsschrauben installiert. Für die *Erebus* wurde eine 15 t schwere und 25 Pferdestärken starke Lokomotive von der London and Greenwich Railway gekauft; nachdem ihre Vorderräder abmontiert worden waren, wurde sie im Laderaum des Schiffes fest eingebaut. Am 12. Mai 1845 berichtete die Times:

> Die Lord-Commissioners der Admiralität haben in jeder Hinsicht aufs großzügigste für die Bequemlichkeit der Offiziere und Mannschaften der Expedition gesorgt, die, mit den Annehmlichkeiten einer Schiffsschraube und allen Errungenschaften der modernen Wissenschaft ausgerüstet, von großen Erfolgen begleitet sein möge.

Da die Schiffe jedoch ohnehin mit riesigen Mengen an Proviant und Heizmaterial für drei Jahre beladen waren, wurde es unter Deck durch die zusätzlich eingebauten Lokomotiven sehr eng. Auf der *Erebus* verfügte allein Franklin über eine Kabine von erwähnenswertem Ausmaß. Commander James Fitzjames, 1. Offizier auf der *Erebus*, hatte eine Kabine von weniger als 2 m Breite, während die Mannschaft überall dort untergebracht wurde, wo noch eine Ecke frei war. Viele hängten

Commander James Fitzjames

ihre Hängematten nebeneinander in der Mannschaftsmesse auf. Trotz der Enge in den Quartieren verzichtete man jedoch auf beiden Schiffen nicht auf einen gewissen Luxus. Die *Erebus* besaß eine mit 1700 Büchern bestückte Bibliothek, während die *Terror* 1200 Bände mitführte, angefangen von Berichten über frühere Polarexpeditionen und geographische Werke bis zu Dickens' *Nicholas Nickleby* sowie gebundene Exemplare der Zeitschrift *Punch*.

Jedes Schiff besaß eine Art Drehorgel, die 50 Melodien, darunter 10 Hymnen, spielen konnte. Es gab Schreibtische aus Mahagoni für die Offiziere und sogar Schulbücher, um die Seeleute, die nicht lesen und schreiben konnten, unterwegs zu unterrichten. Außerdem wurden Instrumente für geologische, botanische und zoologische Untersuchun-

Commander Fitzjames' Kabine auf der HMS *Erebus*

gen und wichtige Beobachtungen des Erdmagnetismus mitgeführt. Schließlich war die Franklin-Expedition das erste Forschungsunternehmen, das eine relativ neue Erfindung an Bord hatte: eine Kamera. Keine Polarexpedition war jemals so verschwenderisch ausgestattet gewesen.

Die letzten Tage vor der Abreise der *Erebus* und *Terror* standen im Zeichen gesellschaftlicher Verpflichtungen und allgemeiner Begeisterung. Franklin und seine Offiziere waren am 8. Mai Gäste der Admiralität. Da den Mannschaften vor Antritt der Reise ihre Heuer ausgezahlt worden war, kann man davon ausgehen, daß wenigstens ein Teil davon sofort in den vielen Pubs des Hafenviertels an der Themse ausgegeben wurde. Am 9. Mai fand die letzte offizielle Besichtigung der Schiffe statt, an der Vertreter der Regierung und Marine sowie eine Reihe geladener Gäste teilnahmen. Die *Illustrated London News* berichtete, daß „die Einrichtungen, die für die Bequemlichkeit der Offiziere und Mannschaften getroffen wurden, hervorragend sind. Die Menge der an Bord genommenen Vorräte ist beträchtlich."

Nach Angaben eines *Times*-Reporters bestanden diese Vorräte aus „zahlreichen Kisten mit Tee, obgleich man von der Mannschaft nicht erwartet, daß sie zu Abstinenzlern wird, und selbstverständlich auch einen ausreichenden Vorrat an Rum zum Aufwärmen in den gefrorenen Regionen". Zu den Vorräten gehörten: 61.987 kg Mehl, 16.749 l Schnaps, 909 l „Wein für die Kranken", 4.287 kg Schokolade, 1.069 kg Tee und fast 8.000 Dosen (von 1, 2, 4, 6 und 8 Pfund Inhalt) mit eingekochtem Fleisch, Suppen und Gemüse sowie weitere 3.215 kg Tabak, 1.673 kg Seife, 1.225 kg Kerzen und Dutzende von Decken aus Wolfspelz. Allein über 4.200 l Zitronensaft, die während der Expedition an alle verteilt werden sollten, wurden an Bord genommen, um den katastrophalen Folgen des Skorbuts vorzubeugen.

Am Sonntag, dem 18. Mai, dem Vorabend seiner Abreise, las der tiefreligiöse Franklin im Beisein seiner Frau und Tochter zum ersten Mal die Heilige Messe für seine Mannschaften.

Am 5. Mai hatte Franklin seine offizielle Order erhalten: er sollte durch die Baffin Bay und den Lancaster Sound zur Bering Strait segeln und auf diese Weise die Nordwestpassage vervollständigen. Gleichzeitig sollte er versuchen, wertvolle wissenschaftliche und geographische Informationen zu sammeln.

Unterstützung oder Hilfsmaßnahmen für den Fall, daß die Expedition in Schwierigkeiten geraten oder die Durchführung ihrer Reise scheitern sollte, waren seitens der Admiralität für die nächsten drei Jahre, auf die das Unternehmen angelegt war, nicht vorgesehen. Als begleitende Maßnahme hatte man lediglich die Hudson's Bay Company gebeten, die in Fort Good Hope und Fort Resolution, im heutigen Nordwest-Kanada, Fellhandels-Außenposten besaß, der Expedition zu helfen, falls man von Schwierigkeiten erfahren sollte. Die Company wurde ferner beauftragt, die eingeborenen Händler anzuweisen, nach Franklins Crew Ausschau zu halten.

In den letzten Tagen vor seiner Abreise mag Franklin eine Vorahnung seines Schicksals gehabt haben. Er hatte die Grippe und war zu Hause bei seiner Frau Jane. Sie hatte gerade eine seidene Flagge fertiggestickt, die er auf seiner Reise mitnehmen sollte. Beunruhigt über seine Krankheit legte sie ihm die Flagge über die Beine, um ihn zu wärmen. Sofort sprang er auf: „Wie kannst du eine Flagge über mich ausbreiten! Weißt du nicht, daß man Tote mit dem Union Jack zudeckt?"

Als die Expedition am Morgen des 19. Mai mit 134 Offizieren und Mannschaftsmitgliedern aus der Themse-Mündung segelte, war alle Welt der Überzeugung, daß dieses Unternehmen niemals scheitern konnte. Franklins Tochter Eleonor schrieb an ihre Tante:

> Gerade als sie Segel setzten, ließ sich eine Taube auf einem der Masten nieder und blieb dort einige Zeit sitzen. Alle freuten sich über dieses gute Omen, und falls dies ein Zeichen für Frieden und Eintracht gewesen sein sollte, dann denke ich, wird alles gutgehen.

Die Expedition war bereits außer Sicht, als die *Times* posaunte:

> Unter der gesamten Bevölkerung dieses Landes – vom einfachen Bürger bis zu den Spitzen der Regierung – scheint es nur den einen Wunsch zu geben, daß das Unternehmen, welches unsere Offiziere und Mannschaften in Angriff genommen haben, von Erfolg gekrönt sei und daß die tapferen Seeleute gesund und ruhmreich in ihre Heimat zurückkehren mögen.

Eine Woche später faßte Sir Roderick Murchison die allgemeine Stimmung in einer Rede mit den Worten zusammen: „Schon allein der Name Franklin ist in der Tat eine nationale Garantie."

Nach einem kurzen Aufenthalt in Stromness Harbour auf den Orkney-Inseln nahm die Expedition endgültig von England Abschied. Ein

Frachtschiff, die *Barretto Junior*, das zusätzliche Vorräte, darunter zehn lebende Ochsen, an Bord hatte, begleitete die Schiffe bis zu den Walfischinseln in der Disco Bay vor der Westküste Grönlands. Hier wurden die Ochsen geschlachtet und das frische Fleisch sowie die übrigen Waren an Bord der *Erebus* und *Terror* gebracht. Von Grönland schrieb Franklin einen letzten Abschiedsgruß an seine Frau. Es war ein Brief voller Hoffnung auf die Zukunft:

> Laß mich Dir versichern, liebste Jane, daß ich mit allem, was ich für meine Fahrt brauche, hinreichend versorgt bin. Ich beginne diese Reise in der ruhigen Gewißheit auf Gottes gnadenreiche Führung und seinen Schutz und daß Er Dich segnen, trösten und beschützen wird, mein Liebstes .... und alle meine Verwandten. Wie sehr wünschte ich mir, jedem einzelnen schreiben zu können, um ihnen zu versichern, wie glücklich ich mich mit meinen Offizieren, meiner Mannschaft und meinem Schiff schätze!

Fitzjames schickte sein Tagebuch nach Hause, in dem er über ihre Reise von Stromness nach Disco und über viele seiner Gefährten berichtete und seine Gefühle für Franklin schilderte: „Wir sind sehr glücklich und sehr stolz auf Sir John Franklin, der noch gewinnt, je näher wir ihn kennenlernen. Er ist alles andere als nervös oder unsicher: ich würde eher sagen, bemerkenswert in seinen energischen Entscheidungen in plötzlichen Notlagen."

Der Respekt, den er Franklin entgegenbrachte, wurde von den anderen geteilt. Leutnant James Walter Fairholme, ein 24jähriger Offizier von der *Erebus*, schrieb erklärend an seine Familie: „Er besitzt soviel Erfahrung und Urteilsvermogen, daß wir seine Entscheidungen sämtlich mit dem größten Respekt akzeptieren. Ich hatte noch bei keinem Kapitän, unter dem ich früher gesegelt bin, so sehr das Gefühl, er sei zugleich mein Kamerad."

Nachdem er sich verabschiedet hatte, segelte Leutnant Edward Griffiths mit der *Barretto Junior* wieder nach England, wobei er vier oder fünf Männer aus Franklins Mannschaft wieder mit zurücknahm, die aus unterschiedlichsten Gründen nicht weiter an der Fahrt teilnehmen wollten. Später beschrieb er die Stimmung der Expeditionsmitglieder als gut und sagte, daß die Vorräte wie auch die Qualität der Konservendosen ihm als völlig zufriedenstellend erschienen seien.

Ein Hund namens Neptun und ein kleiner Affe namens Jacko begleiteten die 129 Seeleute (darunter vier Kabinenstewards), als sie am 12. Juli weiter nach Westen in fernere Gewässer vorstießen. Den letzten Kontakt mit der Außenwelt hatten sie Ende Juli, als sie in der Baffin Bay auf zwei Walfänger stießen, die *Prince of Wales* und die *Enterprise*. Franklin wartete auf günstiges Wetter, das es ihm erlauben würde, von der Baffin Bay in den Lancaster Sound zu kreuzen. Kapitän Dannett von der *Prince of Wales* berichtete später, daß er Franklin und einige seiner Offiziere zu sich an Bord eingeladen habe.

Über ihre Begegnung schrieb er in sein Logbuch: „Beide Schiffsmannschaften sind gesund, und die Stimmung ist bemerkenswert gut. Sie nehmen an, daß ihre Unternehmung bald abgeschlossen sein wird. Sie haben an einem großen Eisberg festgemacht, auf dem sie ein provisorisches Observatorium errichtet haben."

Kapitän Robert Martin von der *Enterprise* notierte, daß Franklin gesagt habe, er verfüge über Verpflegung für fünf Jahre, und falls es notwendig werden sollte, „könne er sie auf sieben Jahre strecken". Martin fügte hinzu, Franklin habe ihm erzählt, er würde keine Chance auslassen, Vögel zu schießen und was immer sonst Eßbares ihm in den Weg komme, um ihre Vorräte zu schonen, und daß er hierfür genügend Pulver und Blei habe.

Martin hatte zu einem Essen auf die *Erebus* kommen sollen, aber ein plötzlich umspringender Wind trieb ihre Schiffe auseinander. Damit hatten Franklin und seine Mannschaft Anfang August 1845 jede Verbindung mit der Alten Welt verloren. Aus der Neuen Welt, die vor ihnen lag, einer Welt aus Eis und Schnee, sollten sie niemals zurückkehren.

3
DIE LANDENGE DER GRÄBER

Wir werden nie alle Einzelheiten von Franklins letzter Fahrt erfahren. Allein dem Mut einiger Forscher des 19. Jahrhunderts, die mehrere Dutzend große Expeditionen zusammenstellten und leiteten, sich wie Franklin in die vereisten Wasserstraßen wagten und der bitteren Kälte trotzten, ist es zu verdanken, daß sich die gescheiterte Reise wenigstens vage rekonstruieren läßt.

Ende 1847 beschlich die maßgeblichen Männer der britischen Admiralität in London zum ersten Mal ein unbehagliches Gefühl über Franklins Verbleib. Niemand konnte jedoch ahnen, daß sich ihre schlimmsten Alpträume unterdessen in der Trostlosigkeit von King William Island verwirklichten.

Ohne das Gefühl zu haben, daß Eile geboten sei, sandte die Admiralität drei Expeditionen aus, die Sir John Franklin Hilfe bringen sollten. Kapitän Henry Kellet bekam den Befehl, zur Beringstraße zu segeln, wo Franklin aus dem arktischen Eis auftauchen mußte. Eine zweite Expedition unter dem Kommando von James Clark Ross wurde in den Lancaster Sound geschickt, wobei sie Franklins Spuren folgen sollte. Und eine dritte Gruppe unter Leitung von Dr. John Rae und Sir John Richardson wurde über Land den Mackenzie River hinunter gesandt, um dort nach den 129 Männern zu suchen. Das Scheitern aller drei Hilfsexpeditionen, von denen keine eine Spur von Franklin fand, führte endlich zu der Erkenntnis, daß irgend etwas völlig schiefgegangen sein mußte.

Am 4. April 1850 veröffentlichte der *Toronto Globe* eine Anzeige, in der eine Belohnung von 20.000 Pfund Sterling ausgesetzt wurde: zahlbar von „Ihrer Majestät Regierung an jede Gruppe oder Gruppen jeglicher Nationalität, die den Mannschaften der Forschungsschiffe unter dem Kommando von Sir John Franklin wirksame Hilfe leisten". Weitere 10.000 Pfund wurden demjenigen versprochen, der in der Lage war, auch nur einer der beiden Mannschaften zu helfen oder Informationen lieferte, die zu ihrer Rettung führen würden. Schließlich sollte auch derjenige 10.000 Pfund erhalten, der erfolgreich das Schicksal der Expedition aufklären konnte.

Bis zum Herbst 1850 durchkämmte eine Flotte von Schiffen die arktischen Wasserwege nach einer Spur von den Vermißten. Die britische Admiralität entsandte drei Expeditionen mit insgesamt acht Schiffen in die Arktis. Nur einer dieser Suchtrupps, bestehend aus der HMS *Enterprise* und der HMS *Investigator* unter Kapitän Richard Collinson bzw. Commander Robert McClure, wurde in die Beringstraße geschickt. Kapitän Horatio Thomas Austin und sein 1. Offizier, Kapitän Erasmus Ommanney, bekamen den Befehl, mit ihren vier Schiffen in den Lancaster Sound zu segeln, während die dritte Gruppe, kommandiert von dem Kapitän eines arktischen Walfängers, William Penny, nach Norden in den Jones Sound beordert wurde.

Lady Franklin nahm an diesem Wettlauf zur Rettung ihres Mannes

Die Männer der von James Clark Ross geleiteten Suchexpedition errichten ihr Winterquartier

und seiner Mannschaften aktiv teil und sandte mit Unterstützung von Freunden selbst ein Schiff aus, das sich an der Suche beteiligen sollte. Das United States Navy Department unterstützte den New Yorker Kaufmann Henry Grinnell, der zwei Schiffe unter dem Kommando von Leutnant Edwin J. De Haven ausrüstete, während der erfahrene Forscher Sir John Ross eine Expedition leitete, die von der Hudson's Bay Company und durch öffentliche Spenden finanziert wurde.

Die Hudson's Bay Company sandte ferner John Rae aus, einen Experten für das Überleben in der Arktis, damit er abermals bei der Suche mithelfe. Rae, der zunächst auf dem Landweg und dann per Schiff zur Victoria Island reiste, entdeckte an der südlichen Küste der Insel zwei Holzstücke, die nur von einem Schiff stammen konnten. Jedoch gab es keinerlei Beweise dafür, daß sie von der *Erebus* oder der *Terror* herrührten. Seine Reise endete an der südöstlichen Spitze der Insel. Das Eis, das die Victoria Strait blockierte, hinderte ihn daran, auf die nahegelegene King William-Insel hinüberzukommen.

Schließlich konnte die *Illustrated London News* am 12. Oktober 1850 berichten:

> ... ein kleiner Hoffnungsschimmer hat schließlich das Dunkel der Ungewißheit erhellt, das über dem Schicksal Sir John Franklins und seiner Gefährten liegt.

Am 23. August 1850 fanden Kapitän Erasmus Ommanney von der

Ein Bild von der Stelle auf Cape Riley,
Devon Island, wo Kapitän Ommanney von der HMS *Assistance*
die Reste eines Lagers der Franklin-Expedition fand

HMS *Assistance* und seine Offiziere auf Cape Riley am Südwestufer von Devon Island Spuren von Franklins Expedition. Nach zwei Jahren der Enttäuschungen konnte die Royal Navy endlich einen Erfolg bei der Suche nach den vermißten Männern verbuchen. Ommanney errinnerte sich:

> Ich hatte die Genugtuung, auf die ersten Spuren von Sir John Franklins Expedition zu stoßen. Es waren Überreste von Schiffsgegenständen, Kleiderfetzen, Konservendosen mit Fleisch usw. [...] der Platz vermittelte den Eindruck eines Lagers.

Aber jene Überreste ließen nur auf einen kurzen Aufenthalt schließen, vielleicht zu magnetischen Messungen zu Beginn der Expedition, sagten jedoch nichts über Franklins Aufenthaltsort aus.

Ommanney ließ noch am selben Tag weitermarschieren, um das Ufer nach weiteren Hinweisen abzusuchen. Plötzlich erspähten seine Leute hoch auf einer Landzunge der nahegelegenen kleinen Beechey Island einen großen Steinhaufen. Leutnant Sherard Osborn, Kommandant des Dampfschiffs HMS *Pioneer*, die unter dem Oberbefehl von Kapitän Horatio Thomas Austin ebenfalls zur Suchexpedition der Royal Navy gehörte, beschrieb die Szene:

> Eine Bootsladung Offiziere und Mannschaften näherte sich dem Ufer. Bei der Landung fand man ein paar Dinge, die europäische Besucher zurückgelassen hatten. Man kann sich die Aufregung vorstellen, mit der der steile Abhang erklommen und der Steinhaufen abgetragen wurde. Jeder einzelne Stein wurde umgedreht, sogar der Boden darunter aufgegraben und dennoch – welche Enttäuschung! – wurde kein Dokument oder Bericht gefunden.

Osborn ließ sich nicht abschrecken; er hatte immer noch die Hoffnung, daß weitere Entdeckungen folgen würden: „[Der Steinhaufen] schien dem pochenden Herzen zu sagen, ‚folgt denen, die mich errichtet haben'."

Nach und nach traf eine Flotte von Suchschiffen in diesem Gebiet zusammen, darunter auch die HMS *Lady Franklin* unter Kapitän William Penny. Der hartnäckige Schotte schwor, das Gebiet „wie ein Bluthund" zu durchsuchen, bis er die Antwort auf das Geheimnis gefunden habe. Weitere Spuren von Franklins Crew wurden auf Devon Island gefunden, und zwar in der Nähe von Cape Spencer. Penny fand die Überbleibsel einer aus Steinen errichteten Hütte und einige Gebrauchsgegenstände, darunter Reste einer Zeitung vom September 1844, ein Stück Papier mit den Worten „...bis gerufen...", weitere Konservendosen sowie zerfetzte Fäustlinge – das war alles. Schließlich, am 27. August, berichtete ein atemloser Seemann Penny aufregende Neuigkeiten: „Gräber, Kapitän Penny! Gräber! Franklins Winterquartier!"

Dr. Elisha Kent Kane, Schiffsarzt unter dem amerikanischen Forscher Edwin De Haven, war dabei, als die Neuigkeiten bekannt wurden. Er beschrieb, was dann geschah:

> Kapitän De Haven, Kapitän Penny, Commander Phillips und ich ... eilten über das Eis und kamen, indem wir an dem lockeren und steinigen Abhang entlangschlitterten, der sich von Beechey zum Strand hinzieht, nach beschwerlichem Marsch auf den Kamm der Landenge. Hier, inmitten der sterilen Gleichförmigkeit von Schnee und Schiefer standen die Kopfbretter dreier Gräber, angefertigt nach alter orthodoxer Art wie die Grabsteine zu Hause.

Die Gräber lagen nebeneinander in einer Reihe, ausgerichtet auf Cape Riley. Zwei der Grabhügel waren sorgfältig mit Kalksteinplatten abgedeckt. Ihre Inschriften, eingemeißelt in die Kopfbretter, lauteten:

Geweiht der Erinnerung an
William Braine, R.M., HMS Erebus
gestorben am 3. April 1846
im Alter von 32 Jahren.
„Erwählet euch heute, wem ihr dienen wollt"
Josua XXIV, 15.

Die zweite:

Geweiht der Erinnerung an
John Hartnell, A.B. der HMS Erebus
gestorben am 4. Januar 1846
im Alter von 25 Jahren.
„So spricht der Herr Zebaoth:
Schauet, wie es euch geht!"
Haggai I. 7.

Das dritte Grab, das den zuerst Gestorbenen enthielt, war nicht so sorgfältig ausgeführt wie die anderen. Es trug die Inschrift:

Geweiht
dem
Andenken an
John Torrington,
der am 1. Januar
A.D. 1846
an Bord der
HMS Terror
aus diesem Leben schied,
im Alter von 20 Jahren.

Das sorgfältige Arrangement dessen, was Kane „die Landenge der Gräber“ nannte, erinnerte Osborn an die Friedhöfe zu Hause:

> [...] er atmet die Ruhe eines Kirchhofes, wie man sie in zahlreichen Winkeln Englands findet [...] und die Ornamente, mit denen sich die Natur selbst in der Einöde des ewigen Eises schmückt, waren

Die drei Gräber der Franklin-Expedition auf Beechey Island, nach einer Zeichnung von Dr. E. K. Kane

sorgfältig ausgesucht, um die letzte Ruhestätte des Seemanns zu kennzeichnen.

Die Forscher hofften, daß die Entdeckung des Winterquartiers der Expedition sowie der Gräber der ersten drei Opfer ihnen irgendeinen Hinweis auf Franklins Aufenthaltsort geben würde. Die Daten auf den Kopfbrettern verrieten, daß die Franklin-Expedition den Winter 1845/46 in einer kleinen Bucht an der Ostseite von Beechey Island verbracht hatte. Man fand noch mehr.

Forscher, die die sturmgepeitschte Insel während der immer kürzer werdenden Tage des Spätsommers absuchten, entdeckten unter anderem die Überreste eines Zeltplatzes, der Schmiede des Waffenmeisters, eines großen Vorratshauses, einer Tischlerei und ein paar kleinerer Häuser. In einem Eisbären, der von einem der Forscher erlegt wurde, fand man sogar eine alte Kugel. Man schälte sie aus dem Fleisch des Tieres heraus und stellte fest, daß sie aus einem Gewehr stammte, wie es auch Franklin mitgenommen hatte. Außerdem entdeckte man ein weiteres großes „Denkmal". Es bestand aus mehr als 700 leeren Konservendosen, in die man Kies gefüllt hatte. Aber nirgends entdeckte man irgendeine Botschaft, der man hätte entnehmen können, wohin Franklin und seine Leute anschließend gesegelt waren. Die Spur, die am Cape Riley auf Devon Island begann, schien nur 2 km weiter auf Beechey Island zu enden.

Obgleich man auf Forschungsexpeditionen jederzeit mit Todesfällen infolge von Unfällen oder Krankheiten rechnen mußte, waren drei Tote schon im ersten Winter ungewöhnlich. Die Forscher vermuteten daher sofort, daß die Gräber auf Beechey Island möglicherweise darauf hindeuteten, daß die Expedition Probleme mit ihren Nahrungsmittelvorräten gehabt haben könne. Ommanney hat dies bei einer öffentlichen Vernehmung durch die britische Regierung 1852 bestätigt: „Wir wissen, daß drei Leute der Besatzung (junge Leute) im ersten Jahr umgekommen sind, woraus zu schließen ist, daß sie nicht völlig gesund waren. Es wird vermutet, daß ihre Fleischkonserven von schlechter Qualität waren."

Ommanney wies auf die Möglichkeit hin, daß von dem Dosenfleisch einiges verdorben gewesen sei. Der Konservenhändler Stephan Goldner hatte Probleme bei der Qualitätskontrolle von Nahrungsmitteln, die er an spätere Expeditionen lieferte. Und noch bevor die Franklin-Expedition aufgebrochen war, hatte Commander Fitzjames Bedenken geäußert, daß die Admiralität Fleisch von einem unbekannten Händler kaufte, nur weil dieser einen niedrigeren Preis verlangt hatte. Dr. Peter Sutherland, Arzt bei der Penny-Expedition, glaubte, daß sich in den Gräbern wichtige Hinweise auf den Gesundheitszustand und das Schicksal der Franklin-Expedition finden ließen. Er verlangte ihre Exhumierung:

> Es wurde vorgeschlagen, die Gräber zu öffnen, aber da es gegen diesen durchaus korrekten und höchst wichtigen Schritt inneren Widerstand zu geben schien, wurde der Vorschlag nicht weiterverfolgt. Es wäre sehr interessant gewesen, die Todesursache zu untersuchen; höchstwahrscheinlich wäre dies auch ohne Schwierigkeiten möglich gewesen, denn die Körper wären steifgefroren und in ihrer eisigen Umhüllung hervorragend erhalten gewesen.

Sutherland fuhr fort, Spekulationen über die möglichen Todesursachen der drei Seeleute anzustellen:

> Die Ursache für Braines Tod im April könnte Skorbut gewesen sein, der zu einer anderen Krankheit noch hinzukam. Die ersten beiden Todesfälle beruhten wahrscheinlich auf einem Unfall, z. B. durch Erfrieren oder Unterkühlung, im Zustand der Benommenheit, oder aber durch Erkrankung der Lungen. Insoweit mag die Krankheit bereits latent vorhanden gewesen sein, als sie England verließen, ist dann infolge des wechselhaften Wetters im September und Oktober zum Ausbruch gekommen und hat in der strengen Kälte im November und Dezember schließlich zum Tode geführt.

Gemeinsam hatten die Hilfsschiffe den ersten Abschnitt von Franklins Reise nachvollzogen, von seinem Eintauchen in die Stille des Lancaster Sound im August 1845 bis zum April 1846. Was man dabei an Erkenntnissen gewonnen hatte, waren bestenfalls Teilaspekte über die ersten paar Monate der Expedition außerhalb des Bereichs der Zivilisation. Nun bereiteten sich die Forscher selbst auf einen langen arktischen Winter vor, ohne daß irgendeiner von ihnen gewußt hätte, wo man als nächstes suchen sollte.

4
DIE INSEL DES TODES

Im Frühjahr 1851 sandten die Suchschiffe 28 Schlittentrupps aus in der Hoffnung, Spuren der Expedition zu finden: Die Männer zogen mit ihren Schlitten nach Russell Island, Prince of Wales Island, Bathurst Island, Melville Island, Cornwallis Island, Devon Island und Victoria Island – aber ihre Suche blieb erfolglos. Die Forscher mußten sich geschlagen geben und nach Hause segeln, wo ihnen ein frostiger Empfang zuteil wurde.

Ungeachtet aller Fehlschläge wurde die Suche von England und den Vereinigten Staaten aus fortgesetzt. Lady Franklin finanzierte 1851 und 1852 je eine Expedition. Das erste Schiff, die *Prince Albert* unter dem Kommando des kanadischen Pelzhändlers William Kennedy, wurde in die Regent's-Bucht gesandt, das zweite, die *Isabelle* unter dem Kommando von Edward Augustus Inglefield, in den Jones Sound. Zusätzlich sandte die britische Admiralität fünf Schiffe unter dem Oberkommando Sir Edward Belchers von der HMS *Assistance* aus. Henry Grinnell und George Peabody schlossen sich wissenschaftlichen Organisationen der Vereinigten Staaten an, die von New York aus eine Expedition unter Elisha Kent Kane mit der *Advance* starteten. Jede dieser Expeditionen trug zur Erschließung unbekannter Gebiete bei und machte wichtige Beobachtungen hinsichtlich der arktischen Biologie, Geologie und Meteorologie. Commander Robert McClure und seine Mannschaft fanden schließlich sogar die Nordwestpassage, nachdem sie ihr Schiff aufgegeben und 1854 zu Fuß von Westen nach Osten über das Eis gegangen waren. Aber die Frage, was mit der *Erebus* und der *Terror* geschehen war, blieb ungelöst.

1854 waren neun Jahre verstrichen, seit Franklin zu seiner Forschungsreise aufgebrochen war. Er hatte für drei Jahre Proviant mitgenommen, der bei entsprechender Rationierung vielleicht noch ein paar

Monate länger gereicht hatte. Damit stand für die Admiralität fest, daß man vielleicht noch etwas unternehmen konnte, um das Geheimnis um den Untergang der Expedition zu lüften, aber nichts mehr für die Rettung Franklins und seiner Leute tun konnte. Am 20. Januar 1854 erschien eine Notiz in der *London Gazette*, die besagte, daß, falls bis Ende März keine gegenteiligen Nachrichten eingingen, die Offiziere und Mannschaften der *Erebus* und *Terror* als „im Dienst Ihrer Majestät ums Leben gekommen" betrachtet würden.

Ungeachtet dessen bestand in England weiterhin großes Interesse an der Suche nach Franklin wie an der Polarforschung im allgemeinen. Drei Inuit, oder „Esquimaux", wie die Viktorianer sie nannten, die von einem Kaufmann nach England mitgebracht worden waren, wurden von Königin Victoria in Windsor Castle in Audienz empfangen und anschließend in London zur Schau gestellt. „Die schmerzliche Unruhe, die so lange die Gemüter aller Bevölkerungskreise über das Schicksal der Polarexpedition Sir John Franklins erfüllt hat, verleiht dem Anblick dreier Eingeborener aus dem trostlosen Norden ein zusätzliches Interesse", kommentierte die *Illustrated London News* am 18. Februar. Die Nordamerikaner dagegen zeigten weniger Interesse an Franklin. So beklagte der *Toronto Globe*, daß zu einem Vortrag über die Arktis und das vermeintliche Schicksal Sir John Franklins nur eine Handvoll Leute gekommen, derselbe Raum aber zum Bersten mit Neugierigen gefüllt gewesen sei, als der berühmte Zwerg Tom Thumb zu sehen war.

Schließlich brachte der *Toronto Globe* am 23. Oktober 1854 unter der Schlagzeile: „Bestürzende Neuigkeit: Sir John Franklin verhungert!", eine traurige Nachricht, die zwei Tage zuvor Montreal erreicht hatte. Nach fehlgeschlagenen früheren Ermittlungen war John Rae die erste große Entdeckung im Rahmen der Franklin-Suche geglückt, als er im Auftrag der Hudson's Bay Company die Halbinsel Boothia kartierte. Aufgeregt berichtete der *Globe* darüber:

> Von den Eskimos hatte [Rae] sichere Informationen über das Schicksal von Sir John Franklins Leuten erhalten. Diese seien verhungert, nachdem sie ihre Schiffe verloren hätten, die vom Eis zerquetscht worden seien. Auf ihrem anschließenden Marsch nach Süden zum großen Fish [Back] River sei ein Teil der Weißen in der Nähe der Bucht gestorben. Die verstümmelten Leichen einiger, die offensichtlich ihren unglücklichen Gefährten als Nahrung gedient hätten, legten Zeugnis ab von ihren unmenschlichen Leiden.

Zwei Tage später kommentierte der *Globe* abschließend, daß es Rae gelungen sei, „die Welt über das geheimnisvolle Schicksal des tapferen Franklin und seiner unglücklichen Gefährten aufzuklären und die Narretei menschlicher Bemühungen aufzuzeigen, ‚die feste Burg des Winters' stürmen oder ‚das Dunkel der Polarnacht' aufhellen zu wollen".

Um den 28. Oktober 1854 erreichte England die Nachricht, daß der Schleier, der über dem Schicksal Sir John Franklins gelegen hatte, nunmehr gelüftet sei. In einem Brief an den Sekretär der Admiralität schilderte Rae seine Entdeckungen:

> [...] während meines Marsches durch Eis und Schnee in diesem Frühjahr mit dem Ziel, die Kartierung der Westküste von Boothia zum Abschluß zu bringen, traf ich in Pelly Bay auf Eskimos. Einer von ihnen erzählte mir, daß eine Gruppe Weißer (Kablounans) in einiger Entfernung westwärts von hier verhungert sei [...] Später erfuhr ich noch weitere Einzelheiten und konnte ihnen eine Anzahl Dinge abkaufen, die das Geschick eines Teils, wenn nicht aller bis dahin Überlebenden von Sir John Franklins verschollener Mannschaft ohne jeden Zweifel klären – ein Schicksal, so fürchterlich, daß man es sich kaum vorstellen kann.

Rae berichtete weiter, was man ihm erzählt hatte: Von einer Gruppe Weißer, die sich mit ihren Schlitten an der Küste von King William Island entlang schleppten, von den Leichenfunden ein Jahr später auf dem nordamerikanischen Festland und den Anzeichen von Kannibalismus. Entgegen der Schlagzeile des *Toronto Globe* gab es jedoch keine Beweise dafür, daß Franklin ebenfalls verhungert war. Zum Beweis für die Berichte der Inuit brachte Rae einige Gegenstände mit, die er den Eingeborenen hatte abkaufen können, darunter mit Monogrammen versehene silberne Gabeln und Löffel – einer trug die Initialen Croziers – sowie Sir John Franklins hannoverschen Verdienstorden.

Da Raes Informationen über den Zusammenbruch der Expedition aus zweiter Hand stammten, erlaubten sie kein abschließendes Urteil. Die britische Regierung, die damals in den Krimkrieg verwickelt war, bat die Hudson's Bay Company, Raes Informationen nachzugehen. Chefagent James Anderson konnte Raes Bericht schließlich nur wenig hinzufügen. Er entdeckte zwar noch weitere Gegenstände, die der Franklin-Expedition gehört hatten, aber keine menschlichen Überreste oder Dokumente. Anderson sollte der letzte sein, der in offiziellem Auftrag den Versuch unternahm, das Schicksal Franklins aufzuklären. Rae erhielt 8.000 Pfund, obgleich er den Erzählungen der Inuit nicht auf den Grund gegangen, sondern statt dessen nach London zurückgeeilt war. Seine Mannschaft teilte sich die restlichen 2.000 Pfund.

Das Interesse der britischen Öffentlichkeit wie der Regierung konzentrierte sich in der Folge allein auf den Krimkrieg. In derselben Woche, als Raes Bericht England erreichte, führte ein Durcheinander von Befehlen dazu, daß eine Brigade der britischen Kavallerie mehrere russische Batterien in ihren Schützengräben angriff. Der anschließende Bericht in der *Times* begeisterte Franklins Neffen, den Dichter Alfred Lord Tennyson derart, daß er den Zwischenfall, bei dem zahlreiche britische Reiter den Tod fanden, in seinem Gedicht „Der Sturm der Leichten Brigade" unsterblich machte. Die Tagesereignisse hatten endgültig das Verschwinden Sir John Franklins, seiner Offiziere und seiner Mannschaften in den Hintergrund gedrängt und beließen viele in dem Glauben, daß das Geheimnis um den Untergang der Expedition nie gelöst werden würde. Hinzu kam, daß plötzlich Stimmen laut wurden, die den Wert von Forschungsexpeditionen, wie der Franklins, in Frage stellten, die einen so hohen Blutzoll forderten. *Blackwood's Edinburgh Magazine* faßte diese Stimmung besser als jeder andere in einem im November 1855 veröffentlichten Artikel zusammen:

> Nein, es sind keine weiteren sonnigen Kontinente – keine Inseln der Glückseligen – hinter dem fernen Horizont verborgen, die die Träumer über die unbekannte See locken; nichts als jene schicksalhaften und tragischen Küsten mit ihren vom ewigen Eis bedeckten Kliffs und ihrem vom Schnee bedeckten Inland, die uns nie etwas anderes eingebracht haben als die späte und traurige Entdeckung eines Übermaßes an menschlicher Größe, Geduld und Tapferkeit, die fast unsere Phantasie übersteigt.

Es gab aber auch jene, die den Gedanken an eine Polarexpedition nicht aufgegeben hatten, die glaubten, daß die Antwort auf die Frage nach Franklins Schicksal auf King William Island oder auf dem Festland in der Nähe der Mündung des Back River zu finden sei. Allen voran Lady Franklin, die eine leidenschaftliche Bitte an den britischen Premierminister Lord Palmerston richtete: „... eine letzte und erschöpfende Suche ist alles, was ich im Namen der ersten und einzigen

M'Clintock entdeckt in einem Rettungsboot der Franklin-Expedition ein Skelett

Märtyrer der arktischen Erforschung in jüngster Zeit fordere. Das ist alles, worum ich Sie bitte." Es gelang ihr jedoch nicht, die britische Regierung zu veranlassen, noch einen letzten Suchtrupp auszusenden, und so stellte sie noch einmal eine eigene Expedition zusammen.

Lady Franklin, geborene Jane Griffin, wurde in England zur romantischen Heldin, weil sie sich weigerte, die Hoffnung aufzugeben, daß Forscher eines Tages das Schicksal ihres Gatten und seiner Mannschaft aufklären würden. Ihre Entschlossenheit und ihre Bereitschaft, einen großen Teil ihres Vermögens zu opfern, um vier Expeditionen auszurüsten, haben die Historiker bis heute ebenso beschäftigt, wie sie die Forscher ihrer Zeit angespornt haben. Was die Hingabe Lady Franklins besonders bemerkenswert macht, ist die Tatsache, daß sie eine unabhängige, selbständig denkende Frau war, die erst nach ihrem 30. Lebensjahr geheiratet und sehr wahrscheinlich mehr von der Welt gesehen hatte als irgendeine ihrer Zeitgenossinnen. In langen Nächten

Lady Franklin, geborene Griffin, im Alter von 24 Jahren

beschwor sie nicht nur die Briten zu helfen, sondern auch den Präsidenten der Vereinigten Staaten und sogar den russischen Zaren. Sie wurde zur Expertin für arktische Geographie und ging so weit, Walfänger zu befragen, die aus der Arktis zurückkamen. Ein berühmtes Volkslied – „Lord Franklin" – fing die Leidenschaftlichkeit ihrer Suche ein:

In Baffin's Bay where the whale-fish blow,
The fate of Franklin no man may know.
The fate of Franklin no tongue can tell,
Lord Franklin along with his sailors do dwell.
And now my burden it gives me pain,
For my long lost Franklin I'd cross the main.
Ten thousand pounds I would freely give,
To say on earth that my Franklin lives.

Ein öffentlicher Spendenaufruf, der 3000 Pfund einbrachte, und eine Schenkung von Versorgungsgütern seitens der Admiralität ermöglichten es Lady Franklin, die *Fox*, eine kleine Yacht mit Hilfsmotor, zu

Die im Eis der Baffin Bay steckengebliebene *Fox*, 1857/58

erwerben. Sie unterstellte sie dem Kommando des erfahrenen Polarfahrers Kapitän Francis Leopold M'Clintock, einem Offizier der Royal Navy, der bereits an drei früheren Franklin-Suchexpeditionen teilgenommen hatte. M'Clintock wählte Leutnant William Robert Hobson, den Sohn des ersten Gouverneurs von Neuseeland, zu seinem Stellvertreter. Die *Fox* segelte am 1. Juli 1857 von Aberdeen, Schottland, aus los.

Fast von Anfang an behinderten Schwierigkeiten die Suche. So war die *Fox* gezwungen, den ersten Winter im Eis der Baffin Bay zuzubringen, bevor sie im Frühjahr loskam. Im August 1858 erreichte sie Beechey Island, wo M'Clintock an der Stelle, wo Franklin sein erstes Winterquartier aufgeschlagen hatte, in Lady Franklins Namen ein Denkmal errichtete. Auf diesem Monument, datiert 1855, war zu lesen:

> Zur Erinnerung an Franklin, Crozier, Fitzjames und alle ihre tapferen Offiziersbrüder und treuen Gefährten, die um der Wissenschaft willen und im Dienst für ihr Vaterland gelitten haben und zugrundegegangen sind, wurde diese Tafel in der Nähe des Platzes angebracht, wo sie ihren ersten Winter zugebracht haben und von wo aus sie aufgebrochen sind, um ihren Auftrag zu erfüllen oder zu sterben.

Ende September erreichten die Forscher den östlichen Eingang der Bellot Strait, wo sie ihr zweites Winterquartier errichteten. Von dort aus marschierten M'Clintock und Hobson Anfang April 1859 mit je einer kleineren Gruppe über Land zur King William Island. Dort trennten sich die beiden Gruppen. M'Clintock beauftragte Hobson, die Westküste der Insel nach Spuren abzusuchen, während er selbst an der Ostküste der Insel entlangziehen und von dort zur Flußmündung des Back River gehen wollte, bevor er an die Westküste zurückkehren würde. M'Clintock traf schon bald auf eine Gruppe von 30 bis 40 Inuit, die in Iglus auf der Insel wohnten. Er konnte ihnen einige Sachen von Franklin abkaufen, die er in ihrem Besitz fand. Auf seine Fragen erzählten sie ihm, daß sie auf der anderen Seite der Insel ein gestrandetes Schiff gefunden und Franklins Leute gesehen hätten, die „niederfielen und starben, während sie dahinmarschierten".

Anschließend zog er weiter, erreichte das Festland und marschierte südwärts zur Montreal Island. Hier stieß man auf ein paar Überbleibsel, darunter den Rest einer Fleischdose, zwei Teile von einem Faßreifen und weitere Metallstücke. Die Schlittengruppe trat darauf den

Rückzug zur King William-Insel an, wo sie zunächst die Süd- und von dort aus die Westküste erreichte. Hier erwartete M'Clintock und Hobson ein grausiges Geheimnis.

Am 25. Mai 1859, kurz nach Mitternacht, fanden sie auf einem Kiesrücken in der Nähe der Mündung des Peffer River, an der Südküste der Insel, ein menschliches Skelett in der Uniform eines Stewards der verschwundenen Expedition. M'Clintock berichtete über diese tragische Szene in seinem Tagebuch:

> Dieser arme Mann scheint sich den kahlen Grat ausgesucht zu haben, weil hier das Gehen am wenigsten anstrengend war. Er muß einfach nach vornüber gefallen sein, so wie wir ihn gefunden haben. Wahrscheinlich hat er, hungrig und erschöpft, seinem Wunsch nach Schlaf nachgegeben und ist in dieser Stellung und ohne länger zu leiden gestorben.

Neben dem ausgebleichten Skelett lag ein Notizbuch, „daneben eine kleine Kleiderbürste und ein Taschenkamm aus Horn, in dem noch ein paar hellbraune Haare hingen". Das Notizbuch, das Harry Peglar, ei-

Leutnant Hobson und seine Leute zerlegen das Steinmal nahe Victory Point, King William Island, das die einzige schriftliche Nachricht über das Schicksal der Franklin-Expedition enthielt.

nem Maat von der *Terror*, gehört hatte, wurde später auf Nachrichten hin durchgesehen. Man fand die Handschriften zweier Personen: die Peglars und eines unbekannten Seemannes. Keine der Notizen war von Wichtigkeit und manches nicht zu entziffern. Nur ein etwas zusammenhangloser Satz von der Hand des Unbekannten, wahrscheinlich des von M'Clintock gefundenen Toten, schien auf ihre verzweifelte Lage hinzuweisen. Die meisten Wörter der Botschaft waren rückwärts buchstabiert. Korrekt las sich der Satz: „Oh, Tod, wo ist dein Stachel, das Grab in Comfort Cove, denn wer hat irgendeinen Zweifel wie ... sagte der Färber ..."

Was M'Clintock nicht wußte: das wichtigste Dokument der Franklin-Suche war bereits drei Wochen zuvor entdeckt worden, als Hobson die Nordwestküste der Insel absuchte. Dort wurde am 5. Mai der einzige schriftliche Bericht der Franklin-Expedition, zwei kurze Notizen, die auf ein Formularblatt der Marine gekritzelt waren, in einem Steinmal nahe Victory Point gefunden. Die erste, unterzeichnet von Leutnant Graham Gore, schilderte das Vorankommen der Expeditionen bis Mai 1847:

> 28. Mai 1847. HMS Erebus und Terror überwinterten im Eis, in 70° 05′ nördliche Breite, 98° 23′ westliche Länge. Nach Überwinterung 1846-7 auf Beechey Island, in 74° 43′ 28″ nördliche Breite, 90° 39′ 15″ westliche Länge, nach einer Fahrt den Wellington Channel hinauf bis zum 77. Breitengrad und Rückfahrt an der Westseite von Cornwallis Island. Sir John Franklin hat die Expedition geleitet. Alle wohlauf. Eine Gruppe von 2 Offizieren und 6 Mann verließ das Schiff am 24. Mai 1847. Gm Gore, Lieut. Chas. F. Des Voeux, mate.

Auf dem Rand des Formulars befand sich noch eine zweite Mitteilung. Es war eine Notiz, die Kapitän Crozier etwa ein Jahr später Fitzjames diktiert hatte. Diese berichtete nüchtern von dem katastrophalen Ende der 129 Männer:

> 25. April 1848 – HMS Terror und Erebus wurden am 22. April 1848 5 Meilen N.N.W. von diesem Platz entfernt aufgegeben, nachdem wir seit dem 12. September 1846 ringsum vom Eis eingeschlossen waren. Offiziere und Mannschaften, insgesamt 105 Männer, unter dem Kommando von Kapitän F.R.M. Crozier gingen hier, in 69° 37′ 42″ nördlicher Breite, 98° 41′ westlicher Länge an Land. Dieses Papier wurde von Leutnant Irving vier Meilen weiter nördlich unter

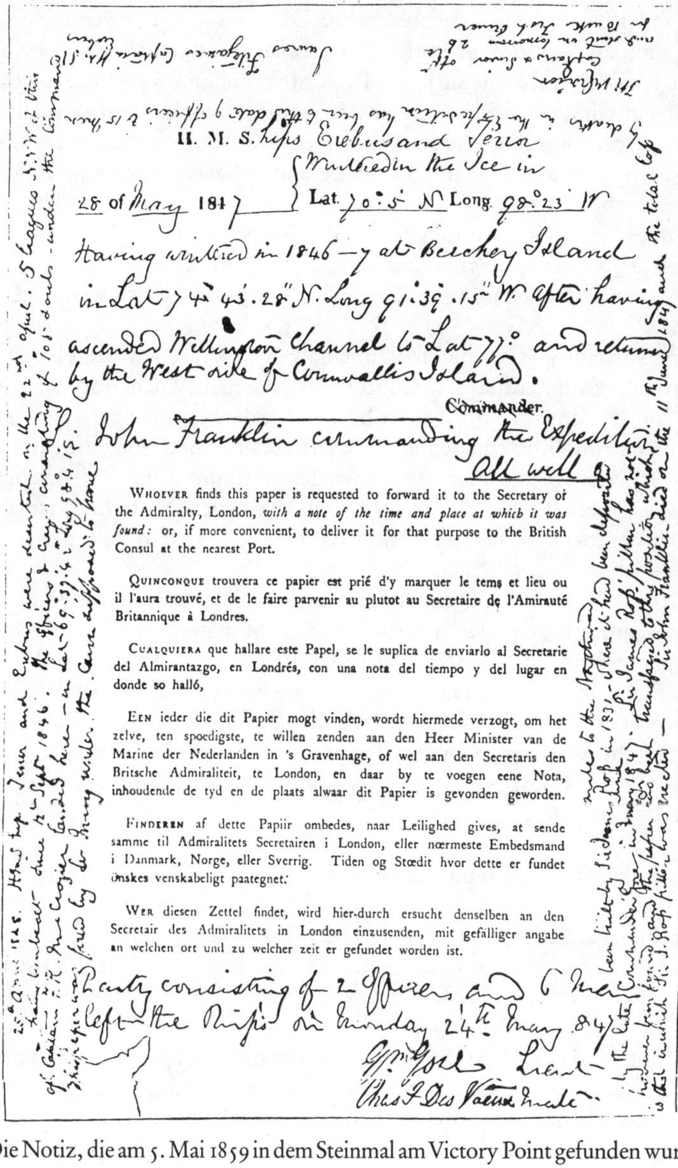
H. M. S.hips Erebus and Terror
Wintered in the Ice in
28 of May 1847 Lat. 70°5' N Long. 98°23' W

Having wintered in 1846–7 at Beechey Island in Lat 74°43'28" N. Long 91°39'15" W. After having ascended Wellington Channel to Lat 77° and returned by the West side of Cornwallis Island.

Commander.
Sir John Franklin commanding the Expedition.
All well

WHOEVER finds this paper is requested to forward it to the Secretary of the Admiralty, London, *with a note of the time and place at which it was found*: or, if more convenient, to deliver it for that purpose to the British Consul at the nearest Port.

QUINCONQUE trouvera ce papier est prié d'y marquer le tems et lieu ou il l'aura trouvé, et de le faire parvenir au plutot au Secretaire de l'Amirauté Britannique à Londres.

CUALQUIERA que hallare este Papel, se le suplica de enviarlo al Secretarie del Almirantazgo, en Londrés, con una nota del tiempo y del lugar en donde so halló,

EEN ieder die dit Papier mogt vinden, wordt hiermede verzogt, om het zelve, ten spoedigste, te willen zenden aan den Heer Minister van de Marine der Nederlanden in 's Gravenhage, of wel aan den Secretaris den Britsche Admiraliteit, te London, en daar by te voegen eene Nota, inhoudende de tyd en de plaats alwaar dit Papier is gevonden geworden.

FINDEREN af dette Papiir ombedes, naar Leilighed gives, at sende samme til Admiralitets Secretairen i London, eller nœrmeste Embedsmand i Danmark, Norge, eller Sverrig. Tiden og Stœdit hvor dette er fundet önskes venskabeligt paategnet.

WER diesen Zettel findet, wird hier-durch ersucht denselben an den Secretair des Admiralitets in London einzusenden, mit gefälliger angabe an welchen ort und zu welcher zeit er gefundet worden ist.

Party consisting of 2 Officers and 6 Men left the Ships on Monday 24th May 1847
Gm. Gore Lieut.
Chas. F. Des Voeux Mate

25th April 1848 HMShips Terror and Erebus were deserted on the 22nd April 5 leagues NNW of this having been beset since 12th Sept 1846. The Officers & Crews consisting of 105 souls – under the command of Captain F. R. M. Crozier landed here – in Lat 69°37'42" Long 98°41' This paper was found by Lt. Irving under the cairn supposed to have been built by Sir James Ross in 1831 – 4 miles to the Northward – where it had been deposited by the late Commander Gore in May 1847. Sir James Ross' pillar has not however been found and the paper has been transferred to this position which is that in which Sir J. Ross' pillar was erected – Sir John Franklin died on the 11th June 1847 and the total loss by deaths in the Expedition has been to this date 9 officers & 15 men.

F. R. M. Crozier Captain & Senior Offr.
James Fitzjames Captain H.M.S. Erebus
and start on tomorrow 26th for Backs Fish River

Die Notiz, die am 5. Mai 1859 in dem Steinmal am Victory Point gefunden wurde

einem Steinmal gefunden, von dem angenommen wurde, daß Sir John Ross es 1831 errichtet hatte. Dort hatte es der verstorbene Commander Gore im Juni 1847 deponiert. Tatsächlich handelte es sich jedoch nicht um Sir James Ross' Steinmal, und so wurde das Papier auf diese Position verbracht, wo sein Steinmal einmal gestanden hatte. Sir John Franklin starb am 11. Juni 1847. Bis zu diesem Datum waren bereits insgesamt 9 Offiziere und 15 Seeleute der Expedition verstorben.
James Fitzjames, Kapitän der HMS Erebus.
F.R.M. Crozier, Kapitän und rangältester Offizier.
[...] und brechen morgen, 26., in Richtung Back's Fish River auf.

„Eine so traurige Geschichte ist niemals in so kurzen Worten erzählt worden", kommentierte M'Clintock, nachdem er Wochen später von der Entdeckung erfuhr. Er fügte hinzu, daß die Notiz zeige, „mit welcher Ruhe und Entschiedenheit" die Leiter der Expedition „die furchtbare Alternative eines letzten verzweifelten Kampfes ums Überleben ins Auge gefaßt hätten". Ein Fehler in der ersten Mitteilung wurde schnell entdeckt: Die Expedition hatte 1845/46 auf Beechey Island überwintert und nicht 1846/47.

Als die Botschaft am 28. April 1848 ergänzt wurde, standen Fitzjames und Crozier, deren Schiffe seit 19 Monaten im Eis vor King William Island eingeschlossen waren, und die bereits Verluste an Menschenleben hatten hinnehmen müssen wie nie zuvor bei einer Polarexpedition des 19. Jahrhunderts – einschließlich des Todes Franklins – am Beginn ihres letzten, verzweifelten Marsches in den Untergang.

M'Clintock beschrieb die Stelle, an der die Notiz entdeckt worden war:

> Um das Steinmal verstreut lagen Berge von Kleidungsstücken und Vorräte aller Art, als ob man hier alles weggeworfen hatte, auf das man irgendwie verzichten konnte: Eispickel, Schaufeln, Boote, Kochherde, Eisenwaren, Seile, Hackklötze, Segeltuch, Instrumente, Ruder und die Medikamentenkiste.

Hobson fand ein noch sehr viel mehr unter die Haut gehendes Zeugnis der Tragödie, als er später ein Rettungsboot der Franklin-Expedition entdeckte, in dem sich zwei Skelette und eine Menge sonstiger Überreste befanden. Endlich hatte man wenigstens einige Teilnehmer der

Franklin-Expedition gefunden, wenn auch zehneinhalb Jahre zu spät. Als M'Clintock später den von Hobson entdeckten „Bootplatz" besuchte, beschrieb er, wie seine Leute „starr vor Entsetzen" gewesen seien angesichts der beiden menschlichen Skelette, die im Boot lagen. Das eine, das man im Bug des Schiffes fand, war zum Teil von „großen und kräftigen Tieren, wahrscheinlich Wölfen", zerfetzt worden, wie M'Clintock vermutete. Das andere war unberührt, „eingehüllt in Kleider und Pelze". Seine Füße steckten in warmen Stiefeln als Schutz gegen die arktische Kälte. Daneben lagen zwei geladene doppelläufige Gewehre, als habe man einen Angriff abwehren wollen, der nie stattgefunden hatte.

M'Clintock gab diesem Gebiet an der äußersten Westküste von King William Island den Namen Cape Crozier. Das Boot, das sorgfältig für eine Fahrt auf dem Back River ausgestattet worden war, war 8,5 m lang, und M'Clintock schätzte sein Gewicht einschließlich des eichenen Schlittens, auf den man es gesetzt hatte, auf 635 kg.

Man legte sorgfältige Listen über die „erstaunliche" Warenmenge an, die in dem Boot war: von Stiefeln und seidenen Taschentüchern bis zu parfümierter Seife, Schwämmen, Unterwäsche, Zahnbürsten und Kämmen. Sechs Bücher, darunter eine Bibel und „The Vicar of

Franklins Leute liegen sterbend neben dem Rettungsboot, mit dem sie den Back River, King William Island, hinauffahren wollten. Ölgemälde von W.T. Smith

Wakefield“ waren ebenfalls darunter und wurden sogleich nach irgendeiner Botschaft durchsucht, aber es wurde nichts gefunden. Die einzigen Nahrungsmittel im Boot waren Tee und Schokolade. M'Clintock beurteilte dieses verwunderliche Sammelsurium als „eine bloße Anhäufung von Ballast, völlig überflüssig und nur dazu angetan, den Kräfteverfall der Schlittenmannschaft zu beschleunigen“. Aber vielleicht am verblüffendsten war die Richtung, in die der Bug des Bootes wies. Statt auf den Fluß, der das Ziel der um ihr Überleben Kämpfenden war, zeigte er auf das aufgegebene Schiff. M'Clintock schloß daraus, daß sich diese Gruppe vom Hauptfeld unter dem Kommando Croziers getrennt und einen vergeblichen Versuch unternommen hatte, zum Schiff zurückzukehren, um Nahrungsmittel zu holen.

Die *Fox* kehrte im September 1859 nach England zurück und berichtete von ihren Entdeckungen. Der Erfolg der Reise bescherte M'Clintock und Hobson Ehre und Ruhm und Lady Franklin ein wenig Trost. Sherard Osborn, der eines der früheren Suchschiffe kommandiert hatte, drückte die Gefühle aller aus, als er über Franklin schrieb:

> Oh, beweint ihn nicht! Kann es denn einen ehrenhafteren Tod oder ein edleres Grab geben? Wie ein zweiter Moses fiel er, als sein Werk vollendet war, das Ziel seines Lebens vor Augen.

Aus Toronto kam das Echo des *Globe*:

> Sir John, wie wir nun wissen, schläft seinen letzten Schlaf an den Küsten jener eisigen See, deren Barriere er vergeblich zu überwinden suchte. Er starb, wie sich britische Seeleute den Tod wünschen, in Erfüllung seiner Pflicht. Umringt, wie wir hoffen, von seinen tapferen Offizieren, die ihm zu seinen Lebzeiten treu gedient haben und ihn nach seinem Tod in sein kaltes, einsames Grab in irgendeiner felsigen Bucht legten, mit Trauer im Herzen und Tränen in den Augen.

Schließlich versuchte die *Illustrated London News* am 15. Oktober 1859 die Gefühle nachzuzeichnen, die Franklins Seeleute in der Nähe des Victory Point beseelt haben müssen, als sie zu ihrem verzweifelten Marsch aufbrachen:

> Für Leutnant Hobson muß es schrecklich eindrucksvoll gewesen sein, ebenso wie später für Kapitän M'Clintock, als sie nun genau

auf dem Fleck standen, wo sich ihre tapferen Landsleute elf Jahre zuvor auf den letzten furchtbaren Kampf um ihr Leben und ihre Heimkehr vorbereiteten. Wer kann sagen, wie hart sie gekämpft, wie sehr sie gegen alle Vernunft gehofft haben, wie die erschöpften Überlebenden, die Cape Herschel erreichten, auf die Knie fielen und zu Gott beteten, daß Sein Wille geschehe, auch wenn sie England und ihr Heim niemals wiedersehen sollten! Mit seiner Hilfe war ihnen die Ehre zuteil geworden, ihrem geliebten Vaterland den Ruhm zu sichern, für den sie gekämpft hatten – die Entdeckung der Nordwestpassage.

Auf ihrem Todesmarsch hatten die Mannschaften der *Erebus* und *Terror* tatsächlich die Nordwestpassage entdeckt. Aber zu der Zeit, als sie sich an der Küste der Simpson Strait entlangquälten, muß der Triumph für sie bereits hohl gewesen sein. Um sie herum war nur noch Hoffnungslosigkeit.

Das oberste Ziel, mit dem Franklin und seine Leute in die Arktis aufbrachen, war die Vervollständigung der Passage. Geographisch gesehen gibt es keine „einzige" Passage. Auf der Karte ist es möglich, eine Vielzahl von Routen um und durch die Inselgruppen, die den arktischen Archipel bilden, aufzuzeichnen. In der Realität gab es vor dem Bau von Eisbrechern infolge der vom Eis diktierten Bedingungen nur sehr wenige Möglichkeiten.

1845, als Franklin aufbrach, war ein großer Teil der Küste des nordamerikanischen Festlands von Forschern, die von der Landseite her nach einer schiffbaren Passage gesucht hatten, bereits kartiert. Trägt man nun die von den Schiffen aus durchgeführten Forschungen mit in diese Karte der Arktis ein, so zeigt sich, daß lediglich ca. 90 km der Passage im Gebiet der King William-Insel nicht erfaßt waren.

Franklins Schiffe segelten im ersten Jahr den Wellington-Kanal bis zum 77.° nördlicher Breite hinauf, wo sie entweder wegen des Eises oder der fortgeschrittenen Jahreszeit umdrehen mußten. Als im Frühjahr 1846 mit dem Aufbrechen des Eises in der Barrow Strait und der Erebus Bay (ihrem Winterquartier vor Beechey Island) eine neue Segelsaison begann, fuhren die beiden Schiffe in etwa südwestlicher Richtung weiter. Die Fahrt endete im September 1846 im Eis nahe der Nordwestküste von King William Island. Welche Route die Schiffe im einzelnen wählten, um diesen Punkt zu erreichen, beruht bis heute auf Mutmaßungen. Es ist jedoch sehr wahrscheinlich, daß die *Erebus* und

Terror durch den Peel Sound und die heutige Franklin Strait zwischen Somerset und Prince of Wales Island hindurchsegelten.

Franklin glaubte, daß er auf dieser Route schließlich jene Bereiche der Festlandküste erreichen würde, die er zwei Jahrzehnte zuvor bereits erforscht hatte. Nach den ihm vorliegenden Karten brauchte er nur noch in Richtung Süden eine ca. 90 km lange Strecke entlang der Westseite von King William's *Land* (der heutigen King William *Island*) zurückzulegen, um die Nordwestpassage in ihrer vollen Länge kartieren zu können.

Der nördliche Ausgangspunkt dieser noch fehlenden 90 km war eine flache Landzunge an der Nordwestküste von King William Island, die der Polarforscher James Clark Ross vom Osten her im späten Frühjahr des Jahres 1830 erreicht hatte. Ross hatte ihr den Namen Victory Point gegeben. Das südliche Ende bildete Cape John Herschel an der Südspitze von King William Island. 1839 hatten Peter Warren Dease und Thomas Simpson die Festlandküste erforscht. Sie waren zunächst an der Küste nach Osten bis zur Halbinsel Boothia gewandert, waren dann zur Südküste von King William Island zurückgekehrt und hatten die Insel bis zum Cape John Herschel erforscht, wo sie ein hohes Steinmal errichteten. Von hier aus wechselten sie wieder zum Festland hinüber und marschierten dort auf derselben Route nach Westen zurück, auf der sie gekommen waren. Die reichte inzwischen bis zur Beringstraße hinauf, dem westlichen Eingang der Passage.

Seltsamerweise, vielleicht tragischerweise, hielten sowohl Ross (1830) wie Dease und Simpson (1839) das Gebiet, das sie erforscht hatten, das King William's „Land", für eine Ausdehnung des Festlands – eine Landzunge, die fest mit dem südwestlichen Teil der Halbinsel Boothia verbunden war. Es ist sehr wahrscheinlich, daß Franklin, gestützt auf die Karten, Beschreibungen und Ansichten dieser früheren Entdecker sowie aufgrund seiner eigenen Theorie über die Geographie dieses Gebietes, glaubte, er habe auf dem von ihm gesegelten Kurs keine Chance, als er sich schließlich Cape Felix, der nördlichen Spitze von King William Island, näherte. In der Annahme, daß die Route östlich dieses Punktes in eine Sackgasse führe, wandte er sich daher mit seinen Schiffen nach Südwesten und segelte direkt in das sich ständig erneuernde Packeis hinein, das sich von Nordwesten den M'Clintock-Kanal hinunterschiebt. Die Kraft und Zähigkeit dieses andrängenden Eisstromes kann nicht hoch genug eingeschätzt werden. Die Nordwestküste von King William Island trägt als Beweis die Narben. Diese

Eismassen tauen während des kurzen Sommers nicht immer auf, und so liefen die beiden Schiffe in eine tödliche Falle. Eine Falle, die um so grausamer erscheint, nachdem man heute weiß, daß der Weg an der Ostküste der Insel während des Sommers regelmäßig frei ist. Erst auf ihrem Todesmarsch haben die Überlebenden der *Erebus* und *Terror* dann die letzte Lücke in der Nordwestpassage geschlossen. Wie es der Forscher Sir John Richardson ausdrückte: „Sie gaben für das letzte Teilstück der Nordwestpassage ihr Leben."

M'Clintocks Entdeckungen auf King William Island lieferten endlich in Umrissen ein Bild vom Ende der Expedition. Damit erstarben nun auch die letzten lautstark erhobenen Forderungen nach Aufklärung des Franklin-Geheimnisses, obgleich ersichtlich viele Fragen offen geblieben waren. Wie die *Illustrated London News* am 1. Januar 1881 erklären sollte: „[M'Clintocks] Suche wurde notgedrungen in Eile und unvollständig durchgeführt, da meterhoher Schnee den Boden bedeckte und die Suchtrupps zu ihren Schlitten zurückkehren mußten, bevor das Eis im Sommer aufbrach."

Der Anstoß, das Franklin-Desaster noch weiter aufzuklären, kam weniger aus den Reihen der Engländer, als vielmehr von zwei unter-

Die Beisetzung Franklins, dargestellt auf einem Denkmal, das ihm zu Ehren auf dem Waterloo Place in London errichtet wurde

nehmungslustigen Amerikanern. Beide verfügten über keinerlei Erfahrung mit der Arktis, als sie jeder für sich mit ihren Forschungen begannen.

Charles Francis Hall, ein Geschäftsmann aus Cincinnati/Ohio, dessen Interesse an der Arktis durch das Verschwinden der Franklin-Expedition geweckt worden war, entschloß sich 1859, auf eigene Faust Nachforschungen anzustellen. Vor möglichen Förderern argumentierte Hall, daß von den Franklin-Leuten noch einige bei den Inuit leben könnten; außerdem müßten die Strände von King William Island einmal im Sommer nach weiteren Anhaltspunken für die letzten Tage der Expedition abgesucht werden. Nach einem gescheiterten ersten Versuch, King William Island zu erreichen, versuchte es Hall im Juli 1864 noch einmal und erreichte schließlich im Mai 1869 die Südküste der Insel. Hall berichtete von Erzählungen der Inuit über Kannibalis-

Charles Francis Hall

mus innerhalb der verhungernden Franklin-Mannschaft. Aber vor allem empörte er sich darüber, daß er von den Inuit erfahren habe, daß mehrere Eingeborenenfamilien, nachdem sie einen Offizier (wahrscheinlich Crozier) und seine Leute mit etwas Robbenfleisch versorgt hatten, diese ihrem Schicksal überließen und ihre Bitten um weitere Hilfe ignoriert hätten.

Wobei er in seiner Empörung hinzuzufügen vergaß, daß die Inuit selbst nur gerade eben genug hatten, um zu überleben. Hall schrieb:

> Diese vier Familien hätten Croziers Leben und das seiner Gefährten retten können, wenn sie nur gewollt hätten. [...] Aber nein, obgleich der tapfere Crozier sie eindringlich darum bat, wollten sie keinen Tag länger bleiben, um wenigstens zu versuchen, ein paar Robben zu fangen, sondern ließen am frühen Morgen die, wie sie wußten, große Gruppe verhungernder Weißer im Stich.

Hall berichtete auch von Erzählungen der Inuit über Fundorte von Leichen. Tatsächlich wurden menschliche Überreste an den südlichen Stränden der Insel nahe der Mündung des Peffer-Flusses gefunden. Ein Skelett, das später anhand einer Goldfüllung als Leutnant Henry Le Vesconte von der *Erebus* identifiziert werden konnte, wurde von Hall zunächst in die Vereinigten Staaten mitgenommen, bevor es nach England überführt wurde. Hall nahm an der Fundstelle eine feierliche Zeremonie zu Ehren der Toten vor, während derer die amerikanische Flagge auf Halbmast wehte und ein Denkmal aus Steinen errichtet wurde.

Aber es sollten noch weit wichtigere amerikanische Entdeckungen folgen. Am 19. Juni 1878 führte der Rechtsanwalt und Arzt, Leutnant Frederick Schwatka, Kavallerieoffizier der Vereinigten Staaten und Teilnehmer an den Indianerkriegen des amerikanischen Westens zur Zeit der berühmten Niederlage von Oberstleutnant George Custer bei Little Big Horn, eine kleine, von der American Geographical Society unterstützte Expedition in die Arktis.

Schwatka war durch Halls frühere Funde und durch amerikanische Walfänger angeregt worden, die aufgrund ihrer Gespräche mit den Inuit behaupteten, daß man möglicherweise doch noch Dokumente der verschwundenen Expedition finden könne. Auf seiner Schlittenreise, die alles in allem 5232 km lang werden sollte, erreichte Schwatka King William Island und führte 1878/79 eine gründliche Untersuchung durch. Er folgte dabei der Route, die die *Erebus*- und *Terror*-Mannschaften auf ihrem Rückmarsch genommen hatten. Abgesehen davon, daß er wichtige Beobachtungen M'Clintocks bestätigte, fand Schwatka zahlreiche Relikte und menschliche Überreste, die an den westlichen und südlichen Küsten der Insel verstreut lagen.

Am 21. Juli 1879 besuchte Schwatka den „Bootplatz", den M'Clintock 19 Jahre zuvor gefunden hatte. Aber statt eines intakten Bootes mit Inhalt entdeckte er, daß die Stelle „offensichtlich gründlich von den Eingeborenen durchsucht" worden war. Neben den Trümmern des Bootes fand Schwatka Kämme, Schwämme, Zahnbürsten, Flaschen und Puderdosen sowie die in weitem Umkreis verstreuten Knochen von vier Skeletten, darunter drei Schädel.

Der „eigentliche Höhepunkt" seiner Reise war, wie Schwatka berichtete, die Entdeckung eines geöffneten Grabes am 24. Juni desselben Sommers nahe Victory Point auf dem Nordweststrand der Insel. Man fand dort eine Medaille mit dem eingravierten Namen John Irvings, obwohl das Grab „bereits einige Jahre zuvor von Eingeborenen zerstört worden war". Schwatka beschrieb die Szene in seinem Tagebuch:

> Im Grab wurden das Objektiv eines Marineteleskops und ein paar Offiziers-Goldknöpfe mit Anker und Krone gefunden. Am Kopfende lag ein noch immer gut erhaltenes, farbiges seidenes Taschentuch. Im übrigen enthielt es zahlreiche Stücke eines grob zusammengenähten Segeltuches, in das man den Körper offensichtlich für die Bestattung eingehüllt hatte.

Im Hinblick auf die Sorgfalt, die man bei der Beisetzung dieses Toten aufgewandt habe, meinte Schwatka, der Körper sei vom Schiff aus beerdigt worden, wo man einen ordentlichen Sarg habe anfertigen können. Die Grablage unterschied sich gewaltig von der so vieler anderer Seeleute Franklins, die man auf King William Island gefunden hatte, und wo man die Toten über der Erde hatte liegenlassen. Ein menschlicher Schädel und einige Knochen – wahrscheinlich Irvings – wurden in weitem Umkreis um das Grab herum gefunden. „Sie wurden sorgfältig eingesammelt, ebenso wie einige Kleiderfetzen und andere Dinge, um sie zu Hause beizusetzen, wo sie hernach ungestört ruhen mögen", schrieb Schwatka. Von allen Knochenfunden des Amerikaners wurden nur Irvings Gebeine von der Insel entfernt.

Irving und Le Vesconte waren damit die beiden einzigen Teilnehmer der Franklin-Expedition, die aus dem arktischen Eis in ihre Heimat zurückkehrten, wenn auch nur als Tote. Das Skelett, das Hall mitgebracht hatte und von dem man annahm, es handele sich um die Gebeine Leutnant Henry Le Vescontes von der *Erebus*, wurde in einer Franklin-Gedächtnisstätte im Greenwich-Hospital beigesetzt. Irving wurde dagegen mit seemännischem Zeremoniell auf dem Dean-Friedhof in Edinburgh beerdigt.

Bevor er die Arktis wieder verließ, traf Schwatka eine alte Inuit-Frau und ihren Sohn, die ihm eine grausame Geschichte erzählten. Es ging um die einige Jahre zurückliegende Entdeckung von Überresten der Franklin-Expedition an der Küste des amerikanischen Festlandes einschließlich eines der Rettungsboote, das die zurückmarschierenden Seeleute mit sich geführt hatten. Schwatka berichtete, was ihm der Sohn erzählt hatte:

> Außerhalb des Bootes fand er zahlreiche Schädel. Er hatte vergessen wie viele, meinte aber, es seien mehr als vier gewesen. Er entdeckte auch Arm- und Beinknochen, die offensichtlich vom Rumpf abgesägt worden waren. Im Inneren des Bootes befand sich eine Kiste mit Knochen; diese Kiste war ungefähr ebenso groß wie ... eine, in der sich Bücher befanden.

Das Grab Leutnant John Irvings sowie Überreste von der HMS *Terror*, die Leutnant Schwatka fand

Die letzten 30 oder 40 von Franklins Leuten waren offensichtlich der Tragödie auf King William Island in der Nähe der Mündung des Peffer-Flusses entkommen. Es war ihnen gelungen, die Simpson Strait zu überqueren, nur um ihre letzten Hoffnungen in jener kahlen und trostlosen Region zu begraben, der Schwatka den Namen „Starvation Cove“ gab. Es ist vermutet worden, daß die beiden erwähnten Kisten möglicherweise die Gebeine Sir John Franklins und die Logbücher enthalten hätten, aber beide sind für immer verloren.

Eine Untersuchung der Gegend erbrachte wenig; man fand lediglich ein paar menschliche Knochen. Die Inuit erklärten, daß die Erde die Überreste ihrer Körper zurückgefordert habe – die Knochen in den Sand eingesunken und für immer verschwunden seien, stumme Zeugen eines entsetzlichen Geschehens, das sich in diesem Gebiet lange zuvor abgespielt hatte. Im September 1880 kehrten Schwatka und seine Gruppe in die Vereinigten Staaten zurück.

Die *Illustrated London News* brachte eine detaillierte Berichterstattung über die Ergebnisse von Schwatkas Reise nach King William Island, wobei sie das Fehlen ordentlicher Gräber zu erklären suchte:

> Die Küste war offensichtlich häufig von Eingeborenen besucht worden, die die Toten wieder ausgegraben hatten, um sie auszuplündern, und ihre Körper anschließend wilden Tieren überlassen hatten [...] Schwatkas Leute begruben die Knochen all jener Unglücklichen, die sie auf der Erdoberfläche fanden, und errichteten Grabmale zu ihrer Erinnerung. Ihre Suche hat die Vermutung bestätigt, daß die Berichte der Franklin-Expedition für immer verlorengegangen sind.

Der Präsident der Royal Geographical Society kam zu dem Schluß, daß die Franklin-Suchexpeditionen mit großem Erfolg weite Teile der arktischen Inselwelt erforscht und „den dunklen Fleck getilgt haben, der andernfalls die Geschichte dieses aufgeklärten Zeitalters überschattet und entstellt hätte“. Obgleich man weder die Logbücher noch eines der Schiffe hatte lokalisieren können, hatten die Forscher auf der Suche nach Franklin die Arktis gründlich genug durchforscht, um auch das letzte Geheimnis um das Verschwinden der Expedition beantworten zu können. Die von ihr eingeschlagene Route war eindeutig festgestellt worden, die Gründe für das Verlassen der *Erebus* und *Terror* waren bekannt, und die Erzählungen der Inuit sowie die traurige Entdeckung der Überreste auf King William Island gaben Auskunft über die letzten schrecklichen Tage der Schiffsbesatzungen.

Der kanadische Arktisforscher Vilhjalmur Stefansson stellte als erster die Frage, wie diese harten Seemänner, die über Schrotflinten und Gewehre verfügten, so schnell an Hunger und Unterernährung hatten sterben können. Noch dazu in einem Land, in dem die Inuit seit Jahrhunderten lebten, obgleich sie noch immer mit steinzeitlichen Waffen jagten. Stefansson kam zu dem Schluß, daß der Kardinalfehler der Franklin-Expedition wie auch anderer britischer Arktisforscher des 19. Jahrhunderts ihre Weigerung gewesen sei, auf die harten Bedingungen ihrer Umwelt durch die Übernahme der von den Inuit entwickelten Überlebenstechniken zu reagieren. Franklins Mannschaften hätten als zivilisierte Männer überleben oder sterben wollen, und diesem Grundsatz seien sie bis zu ihrer letzten verzweifelten Stunde treugeblieben.

Nachdem die Suche nunmehr abgeschlossen war, schrieb Tennyson die Grabinschrift für Franklins Gedenkstein in Westminster Abbey:

Not here: the white North hath thy bones, and thou
Heroic Sailor Soul
Art passing on thy happier voyage now
Toward no earthly pole.

Zukünftige Expeditionen ins Polareis galten dem Erreichen des Nord- und Südpols. Und bald sollten andere Helden wie Robert Peary, Roald Amundsen und Robert Falcon Scott nach dem Lorbeer greifen und die Welt in ihren Bann schlagen.

England trat die Herrschaft über die arktischen Inseln 1880 an Kanada ab. Der Norweger Amundsen durchfuhr 1903 – 06 mit der hölzernen Schaluppe *Gjoa* die gesamte Nordwestpassage. Es paßte irgendwie, daß Amundsen der erste sein sollte, denn es war der Bericht von Franklins Überlandreise im Jahr 1819, der in ihm den Wunsch geweckt hatte, Polarforscher zu werden.

„Eigenartigerweise waren es die Leiden, die Sir Franklin und seine Leute durchgemacht hatten, die mich an seinem Bericht am meisten fesselten. Ein seltsamer Ehrgeiz ließ mich wünschen, dasselbe ebenfalls durchzustehen", schrieb Amundsen, der, nachdem er die Passage bewältigt und später den Südpol erobert hatte, bei einem Flugzeugabsturz im Polarmeer umkam.

Sergeant Henry Asbjorn Larsen von der Royal Canadian Mounted Police durchsegelte die Passage mit der *St. Roch* 1940/42 von Westen nach Osten, und 1944 in umgekehrter Richtung. Zu Beginn dieses Jahrhunderts wurden gelegentlich noch menschliche Knochen gefunden, von denen man annahm, sie stammten von Teilnehmern der Franklin-Expedition. Für gewöhnlich wurden sie am Fundort begraben. Lediglich in einem Fall wurden Teile eines Skeletts an das Canada's National Museum in Ottawa gesandt, wo sie noch immer lagern. Als Major L. T. Burwash vom kanadischen Innenministerium und der Pilot W. E. Gilbert 1930 als erste nach Crozier's Landing flogen, fanden sie dort nur noch ein paar Taue und Stoffetzen. Gilbert berichtete darüber in einem Artikel, der am 9. September 1930 im *Edmonton Journal* erschien:

> Der scharfe Wind, der über den noch schneebedeckten Boden fegte, machte die Arbeit schwierig. Die heftigen Stürme, die hier auftreten, hatten in den 80 Jahren, die inzwischen verstrichen waren, die Reste des Lagers weitgehend zerstört.

Dennoch glaubte Owen Beattie, Professor für Anthropologie an der University of Alberta, daß King William Island noch immer Geheimnisse der Franklin-Katastrophe bergen könne – Geheimnisse, die mit Hilfe der modernen Technologie und den neuesten Methoden der physikalischen Anthropologie gelöst werden könnten. Er glaubte, daß das Franklin-Unglück zumindest noch eine letzte Reise im Interesse der Wissenschaft rechtfertige. Seine Fahrt, die zwei arktische Sommer umfaßte, sollte abermals der steinigen Spur folgen, auf der jene weit auseinandergezogene Kolonne englischer Seeleute ihren Weg ins Nichts gegangen war.

Ein Schatten von Verdammnis lag über der verlassenen King William-Island während der Besuche M'Clintocks, Halls und Schwatkas im 19. Jahrhundert. Lange Jahre nach dem Franklin-Unglück waren die Zeichen der Tragödie noch frisch, und – abgesehen von ein paar nur kurze Zeit bestehenden Inuitsiedlungen an der Ostküste – war King William Island buchstäblich eine Insel des Todes. Beattie plante eine akribische und vollständige Erforschung der Süd- und Westküste der Insel. Seit dem Unglück waren 133 Jahre vergangen. Er fragte sich, ob die Seelen der 105 Männer, die auf der Insel und in der nahegelegenen Starvation Cove gestorben waren, noch auf dem gefrorenen Boden Wache hielten.

5
VERSTREUTE KNOCHEN

Anthropologie ist die Wissenschaft vom Menschen und umschließt die biologischen, sprachlichen, sozialen, kulturellen und technologischen Ursprünge und Entwicklungen der Menschheit. Die moderne Wissenschaft hat jedoch noch einen speziellen Zweig innerhalb dieses Faches entwickelt: die physikalische Anthropologie, und sie mit Instrumenten versehen, die es möglich machen, die Geheimnisse der Toten durch Untersuchung ihrer Knochen und des erhaltenen Körpergewebes zu entschlüsseln.

Owen Beattie begann dieses Fach zu faszinieren, als er im Alter von zehn Jahren ein Buch über die Vorfahren des Menschen las. Er erinnert sich noch, wie aufgeregt er war, als er in der Schulbücherei einen Band über den Java-Menschen entdeckte. Diese Faszination hat ihn seither nicht verlassen. Beattie studierte an der Simon Fraser University in Burnaby, Britisch-Kolumbien, Archäologie. Als graduierter Student konzentrierte er sich auf das Studium des menschlichen Skeletts. Zu den Übungen für Fortgeschrittene gehörten unter anderem Präparierkurse in Anatomie der Primaten und des Menschen. Seine Doktorarbeit in physikalischer Anthropologie bestand in der Analyse hunderter prähistorischer Skelette von der Nordwestküste Nordamerikas. Seit 1980 arbeitet er an der University of Alberta. Seither hat sein Interesse an menschlicher Identifikation oder forensischer Anthropologie, einer Unterdisziplin der physikalischen Anthropologie, noch weiter zugenommen.

Beattie wollte die Techniken der physikalischen Anthropologie auf die wissenschaftlichen Forschungen über die Franklin-Expedition anwenden. Das hatte bisher niemand versucht. Obgleich das Ende der Expedition von erheblichem historischen Interesse ist, war das Ereignis als solches für ihn in erster Linie ein Massenunglück. Beattie wollte sich den Fakten der Franklin-Tragödie nähern, wie es auch bei der Untersuchung von Zugunglücken und Flugzeugabstürzen geschieht. Er beabsichtigte, dieselben wissenschaftlichen Techniken anzuwenden, um die Todesursache zu ergründen und die Toten zu identifizieren. Er wollte sämtliche Knochenreste auf King William Island, wo die meisten der Seeleute gestorben waren, sammeln und versuchen, physikalische Beweise zu finden, um die konventionelle Meinung über den Untergang der Expedition durch Hunger und Skorbut entweder zu bestätigen oder aber zu widerlegen. Wichtig waren für ihn Informationen über Gesundheit und Ernährung, über Anzeichen von Krankheiten oder Gewalteinwirkung sowie Informationen über Alter und Größe eines jeden Individuums. Es bestand sogar eine vage Chance, daß man die Identität des einen oder anderen Opfers nachweisen konnte, etwa durch Goldkronen oder persönliche Dinge, die man neben den Körpern fand.

Wegen seiner speziellen Ausbildung in forensischer Anthropologie hatte Beattie bei zahlreichen Untersuchungen der Leichenbeschauer der Royal Canadian Mounted Police und anderer Polizeikräfte assistiert. Mit seiner Abreise zum King William Island ging er daran, dieses Instrumentarium zur Klärung eines weit größeren Geheimnisses zu nutzen.

Am 25. Juni 1981 startete Beattie zu seiner ersten Reise, um dem Schicksal der Franklin-Expedition nachzugehen. Mit einer Boeing 727 der Pacific Western Airlines flog er zunächst nach Yellowknife, der Hauptstadt der Nordwest-Staaten, und dann weiter bis hinter den Polarkreis zum zentralen arktischen Transportzentrum von Resolute, einer kleinen Gemeinde von 168 Leuten an der Südküste von Cornwallis Island. Beattie wurde von dem Forscher und Polar-Archäologen James Savelle begleitet.

Ein Lastwagen vom Polar Continental Shelf Project holte die beiden Forscher am Flughafen in Resolute ab und brachte sie in die nahegelegenen Baracken, wo sie sich mit der wissenschaftlichen Assistentin Karen Digby trafen. Das Polar Shelf, betrieben vom kanadischen Ministerium für Energie, Minen und Bodenschätze, erfüllt eine lebenswichtige Aufgabe, indem es Wissenschaftler und Forscher in Kanadas hohem Norden mit Nachschub versorgt und ihnen seinen Flugdienst zur Verfügung stellt. Beattie, Savelle und Digby trafen sich kurze Zeit später bereits mit dem Leiter der Polar Shelf Basis, Fred Alt, und bekamen von ihm einen Kurzwellensender sowie ein 30/06-Gewehr und eine 12-Zoll-Schrotflinte. Anschließend machten sie sich fertig, um sich von einer Twin Otter dorthin bringen zu lassen, wo sie die Fährte der vor 133 Jahren gestorbenen Franklin-Mannschaften aufnehmen wollten.

Von Resolute flogen sie nach Gjoa Haven, einer Inuit-Siedlung an der Südostküste von King William Island, wo sich die Inuit-Studenten Kovic Hiqiniq und Mike Aleekee dem Team als Forschungsassistenten anschlossen. Hiqiniq und Aleekee hatten bereits zwei Jäger angeworben, die die Forscher und ihre Ausrüstung am nächsten Tag mit Schneemobilen nach Süden über die vom Packeis versperrte Simpson Strait bringen sollten. Dorthin, wo sich eine schmale Bucht, die Starvation Cove, ungefähr 10 km weit in das nordamerikanische Festland hineinschlängelt und wo die letzten Überlebenden aus Franklins Mannschaft umgekommen sind. Am 27. Juni bewältigten die fünf Forscher die zermürbende 12-Stunden-Fahrt über die Hindernisse und Risse im Eis, und zwar mit „komatiks", den traditionellen Schlitten, die früher von Schlittenhunden, aber in ihrem Fall von Schneemobilen gezogen wurden. Auf einem Berg von Ausrüstungsgegenständen und Vorräten sitzend, klammerten sich alle an die beiden Seiten des Komatik, während jedes Hindernis auf ihrem Weg sie abzuwerfen drohte. Sie wurden auf dieser Reise von der Frau eines der Jäger begleitet, die ihr Baby unter ihrem warmen Parka verstaut hatte. Die Temperatur entsprach der Jahreszeit und lag zwischen 0° und +5° Celsius.

Beattie und Savelle hatten gehofft, Starvation Cove erforschen und nach zurückgelassenen Gegenständen und den Überresten der kräftigsten Männer der untergegangenen Expedition durchsuchen zu können. Aber das Land liegt extrem niedrig, ist sumpfig und sandig und war in diesem Sommer fast vollständig vom Schmelzwasser bedeckt, was die Suche unmöglich machte.

Die Schneemobile fuhren bald weiter und brachten die Forscher wieder ein kurzes Stück nach Norden hinauf zu einem zeitweilig von Inuit-Fischern bewohnten Camp am Richardson Point. Während sie am Abend rohes und gekochtes Robbenfleisch und rohes Karibufleisch speisten, befragten sie ihre Gastgeber über eventuelle Grabstellen von Europäern an der Südküste von King William Island. Nach den Beschreibungen der Inuit sollte es ein solches Grab auf einem hohen Erdwall am Peabody Point geben, also direkt auf ihrem Weg.

Die erste wirkliche Forschungsarbeit dieses Sommers wurde in den frühen Morgenstunden des nächsten Tages geleistet. Nebel hing über ihnen, als sie über den Richardson Point marschierten, der etwa einen Kilometer breit ist. Aber außer prähistorischen und historischen Inuit-Lagerplätzen, deren Lage Savelle in die Karte eintrug, wurde nichts Interessantes gefunden. Enttäuscht, daß ihnen die Geheimnisse, die die Franklin-Expedition auf dem nordamerikanischen Festland hinterlassen hatte, verborgen bleiben würden, schloß sich die fünfköpfige Forschungsgruppe den Inuit-Jägern an. Sie gingen über die Simpson Strait zurück zur Südküste von King William Island in die Nähe des Booth Point. Proviant und Ausrüstung, einschließlich ihres Kanus, mußten sie diesmal selbst tragen.

Am 13. Mai 1869 hatte Charles Francis Hall eine schmale Landzunge nahe Booth Point besucht. Begleitet wurde er von mehreren Inuit, die ihm erzählt hatten, sie hätten dort die Überrest eines Seemanns aus Franklins Mannschaft gefunden. Hall schrieb darüber in seinem Tagebuch:

> Nachdem wir eine halbe Stunde gewandert waren, hielt die Gruppe auf einer langen, flachen Landzunge, die von den Eingeborenen Kung-e-ark-le-ar-u genannt wird, wo, wie die Männer [...] „wußten, ein weißer Mann begraben worden war". Ihr Wissen stammte jedoch hauptsächlich aus Erzählungen ihrer Landsleute; nur einer von ihnen hatte das Grab gesehen. Der Platz wurde mir gezeigt, aber unter der Schneedecke war nichts zu entdecken. Ein Denkmal wurde errichtet und seine Lage genau kartiert.

Mit Hilfe dieser kurzen Notiz und dem entsprechenden Kartenmaterial ausgerüstet, hofften die Forscher, die menschlichen Überreste zu finden, die Hall infolge des Schnees vergeblich gesucht hatte.

Während sie an jenem kalten Junitag 1981 am steinigen Strand entlanggingen, durchforschte jeder sehr sorgfältig ein ihm zugeteiltes Gebiet nach Spuren der Franklin-Expedition. Am ersten Tag war ihre Suche erfolglos. Am 2. Morgen, dem 29. Juni, kam Digby zu Beattie und Savelle hinüber. In ihrer rechten Hand hielt sie etwas, das wie ein Stück Porzellanschale aussah.

„Ich glaube, ich habe hier etwas wichtiges. Stammt das von einem Menschen?" fragte Digby und reichte Beattie einen weißen Schädelknochen. Es war die erste größere Entdeckung ihrer Feldforschungen und markiert den eigentlichen Beginn von Beatties forensischen Untersuchungen. Nachdem Digby die Fundstelle eingetragen hatte, führte sie rasch die übrigen Mitglieder ihrer Gruppe zu der Stelle. In dem sandigen Boden war deutlich die Vertiefung zu erkennen, wo das menschliche Schädelfragment gelegen hatte. Man legte es vorerst in die Vertiefung zurück und durchkämmte die schmale Landzunge nach weiteren Überresten.

Zunächst stieß man nur auf ein paar Knochensplitter. Aber nach sechs Stunden Arbeit, wobei buchstäblich jeder Zentimeter des Bodens erfaßt wurde, hatten die Forscher 31 menschliche Knochenstücke gefunden. Die meisten Knochen hatten auf der Erdoberfläche gelegen, einige hatten aber auch in Erdlöchern gesteckt oder wurden unter Pflanzen gefunden, und wieder andere waren fast völlig vom Sand bedeckt. Die Knochentextur illustrierte die Härte des nördlichen Klimas. Freiliegende Teile waren weiß gebleicht, und wenn man sie zu grob anfaßte, lösten sich von ihrer Oberfläche pulverisierte Plättchen und fielen herab. Außerdem hatten sich auf der freiliegenden Fläche kleine, bunt gefärbte Kolonien aus Moos und Flechten angesiedelt, die auf dem sterilen Weiß der Knochen fest verankert waren, als hätten sie sich für einen weiteren harten Winter dort festgeklammert. Im Gegensatz hierzu befand sich die etwas dunklere, elfenbeinfarbene Unterseite der Knochen, die nie der Sonne oder den Elementen ausgesetzt gewesen war, in bemerkenswert gutem Zustand. Hier waren noch alle anatomischen Einzelheiten erhalten. Die Forscher entdeckten an dieser Stelle ferner einige Gegenstände, darunter einen Perlmuttknopf, wie sie im frühen und mittleren 19. Jahrhundert im Gebrauch waren, sowie den Stiel einer Tonpfeife, wie sie Mitglieder der Franklin-Expedition mitgeführt hatten. Alle Fundstücke wurden in einem 10 × 15 Meter großen Feld entdeckt, in dessen Mitte man die Überreste eines ehemals aus Steinen errichteten Ringes für ein Zelt fand.

Während er noch an Ort und Stelle sorgfältig die Knochen untersuchte, konnte Beattie Teile eines Schädels identifizieren. Die Form der Stirnpartie und Charakteristika der Augenhöhlen ergaben, daß es sich um die Überreste eines Kaukasiers handeln mußte. Eine kräftig ausgebildete Brauenpartie und gutausgebildete Muskelmarkierungen an Schädel und Gliedmaßen identifizierten die Person als Mann. Die Schädelnähte (die Verbindungsstellen zwischen den verschiedenen Schädelknochen, die beim Menschen mit zunehmendem Alter verschwinden) waren noch klar zu erkennen, was besagte, daß der Mann zum Zeitpunkt seines Todes zwischen 20 und 25 Jahre alt gewesen war. Da die übrigen Knochenfragmente in anatomischen Einzelheiten zusammenpaßten, gehörten sie zu einer einzigen Person.

Für viele wären die Knochenreste eines Seemanns der Franklin-Crew nichts weiter als ein Hinweis auf eine weit zurückliegende arktische Tragödie gewesen. Aber für Beattie war die Entdeckung des Booth Point-Skeletts gerade so, als sei einer der zuletzt gestorbenen Seeleute über alle Zeiten hinweg zurückgekommen, um einige Fragen zu beantworten, die er ihm stellen wollte. Fast sofort fand Beattie den ersten physikalischen Beweis, der die seit langem unter den Historikern bestehende Meinung stützte, daß die Expeditionsteilnehmer während ihrer letzten Monate unter den schwächenden Auswirkungen von Skorbut gelitten hatten. Stellen mit leichtem Knochenfraß und Abschuppungen auf der äußeren Oberfläche der Knochen entsprachen dem bekannten Krankheitsbild bei Vitamin C-Mangel, der Ursache für Skorbut.

Die verheerende Wirkung von Skorbut trat fast während der gesamten Periode europäischer Expansion und maritimer Entdeckungsfahrten deutlich in Erscheinung, die im 16. Jahrhundert ihren Anfang nahm. Die einseitige Ernährung der Seeleute, die auf ihren langen Reisen ohne frische Früchte und frisches Gemüse auskommen mußten, machte sie für die verheerenden Wirkungen dieser Krankheit anfällig. Ganze Expeditionen wurden von ihr befallen, häufig mit dem Ergebnis, daß in kürzester Zeit Dutzende der Männer starben. Der schottische Marinearzt James Lind behauptete 1753 als erster, daß Orangen und Zitronen ein Heilmittel gegen Skorbut seien. Obgleich Lind damit den Durchbruch geschafft hatte, blieb die Krankheit bis zu Beginn dieses Jahrhunderts ein Problem, da die Schwierigkeiten bei der Konservierung frischer Nahrung und die unzureichende Technik bei der Abfüllung des Saftes in Flaschen und Kanister dazu führte, daß das Vitamin zerstört wurde.

Die körperlichen Folgen von Skorbut können sehr ernst sein. Am Anfang führen sie zu Müdigkeit, Gewichtsverlust und Reizbarkeit und im weiteren Verlauf zu geschwollenem und blutendem Zahnfleisch, Zahnausfall und spontanen Blutungen an fast allen Stellen des Körpers. Das Skelett, das man in der Nähe von Booth Point gefunden hatte, ließ die Wissenschaftler kaum daran zweifeln, daß Skorbut während des letzten Jahres der Expedition, aber wahrscheinlich schon früher, ein entscheidender Faktor für den sich verschlechternden Gesundheitszustand der Seeleute gewesen war.

Während sie die menschlichen Überreste einsammelten, wunderten sich die Forscher ein wenig über die ungewöhnliche Verteilung der

Knochen in der Nähe des Zelteingangs. Da möglicherweise Tiere die Knochen in dieser Weise verstreut hatten und an diesem Tag noch viel zu tun war, ließ man die Angelegenheit auf sich beruhen und verwandte seine Kräfte lieber darauf, die Einzelheiten der Entdeckungen in einem Bericht festzuhalten. Beattie und Savelle, ausgerüstet mit Maßband und Spachtel, riefen ihre Meßergebnisse und die Beschreibungen von Steinen und Knochen Digby, Hiqiniq und Aleekee zu, die sie in eine Karte und in Notizbücher eintrugen.

Nachdem die Arbeit am Booth Point beendet war, setzte das Forschungsteam seine Suche an der Südküste der Insel in westlicher Richtung fort.

Das Grab, von dem ihnen der Inuit-Fischer am Richardson Point erzählt hatte, entdeckten sie am Peabody Point. Es stellte sich jedoch heraus, daß es das Grab eines Inuit aus den ersten Jahren dieses Jahrhunderts war, weshalb sie es nicht näher untersuchten.

Am Tulloch Point, wo Frederick Schwatka 1879 ein Grab gefunden hatte, das man der Franklin-Expedition zurechnete, fanden die Forscher Reste eines Skeletts. Beattie und Savelle entdeckten später aber anatomische und kulturelle Merkmale, die bewiesen, daß es sich in Wahrheit um das Grab eines erwachsenen Inuit aus der Mitte des 19. Jahrhunderts handelte. Ein weiteres Grab, in dem man ebenfalls einen Toten der Franklin-Expedition vermutet hatte und das 1931 von dem kanadischen Forscher William Gibson entdeckt worden war, entpuppte sich als das einer erwachsenen Inuit-Frau, ebenfalls wahrscheinlich aus der Mitte des 19. Jahrhunderts. Beide Gräber wurden in eine Karte eingetragen und ein paar Knochenproben für eine spätere Analyse eingesammelt.

Am 5. Juli, als sie den Strand westlich des Tulloch Point absuchten, kam in einer Entfernung von ca. 25 km die große weiße Kuppel der Distant Early Warning (DEW) Line Station am Gladman Point in Sicht. In der arktischen Tundra wirkte dieser moderne Radar-Außenposten ein wenig seltsam und fehl am Platz. Aber solche Stationen sind in der kanadischen Arktis nichts Ungewöhnliches: 21 von ihnen sind über das Land zwischen Alaska und Baffin Bay verstreut. In den 50er Jahren als lineares Warnsystem gegen Angriffe aus der Sowjetunion errichtet, sind diese Stationen in den letzten Jahren modernisiert worden und dienen weiterhin dem Schutz der Souveränität des kanadischen Luftraums.

Nach stundenlangen Wanderungen erreichten die Gruppenmitglieder einen ziemlich breiten, langsam fließenden Fluß, den sie mit ihrem

Kanu überquerten. Am anderen Ufer, etwa zwei Kilometer von der Station entfernt, errichteten sie ihr Lager. Während Digby, Hiqiniq und Aleekee die Routinearbeit verrichteten, gingen Beattie und Savelle zur Station. Sie wurden herzlich begrüßt, und am nächsten Tag kam die abgekämpfte Gruppe in den Genuß heißen Kaffees, frischer Früchte und einer Dusche.

Bei ihrem Besuch der Station erfuhren sie von einem erstaunlichen Zufall. Wenige Tage vor ihrer Ankunft hatte ein Mitglied der Station auf einer Wanderung in etwa einem Kilometer Entfernung ein moosbedecktes Skelett gefunden. Man hatte diesen Fund der nächsten Station der Royal Canadian Mounted Police in Spence Bay gemeldet. Als Beattie und Savelle mit ihren Mitarbeitern am Gladman Point ankamen, war der Polizist, der in Spence Bay stationiert war, mit seinem kleinen Flugzeug eben unterwegs, um sich den Fund anzusehen. Nach seiner Ankunft traf er sich mit den Forschern. Beattie, mit seiner Erfahrung in forensischer Anthropologie, und Savelle, ein erfahrener Archäologe der Arktis, begleiteten den Polizisten und den Mitarbeiter der Station, als sie die Knochen besichtigten. Wie sich herausstellte, handelte es sich um das Skelett eines prähistorischen Inuit. Seine Überreste hatten Hunderte von Jahren auf der Erde gelegen. Wenn man bedenkt, daß Hunderte, vielleicht Tausende von Menschen während der Aufbauphase und des Betriebes der Station dort vorübergegangen waren, schien es fast schicksalhaft, daß das Skelett ausgerechnet zu einem Zeitpunkt entdeckt wurde, als wenige Tage später ein gerichtsmedizinisch ausgebildeter Anthropologe und ein erfahrener Archäologe an die Tür klopften.

Das Gladman Point-Skelett war das letzte, das sie in diesem Sommer fanden. Beattie kehrte Ende Juli nach Edmonton zurück, ein wenig enttäuscht, daß man nicht mehr Skelette von den Expeditionsteilnehmern entdeckt hatte. Er fragte sich, ob der physische Nachweis von Skorbut das einzige Ergebnis ihrer Forschungen sein würde.

Kleine Knochenstücke vom Booth Point-Skelett wie von den Inuit-Skeletten wurden zur Analyse der Spurenelemente ans Labor geschickt. Derartige technische Analysen von Knochenfunden sind durchaus üblich, da verschiedene, in den Überresten gefundene Spurenelemente Informationen über Ernährungsprobleme und mögliche Mangelerscheinungen liefern können.

Wochen später, während Beattie und Savelle in ihren Büros an der University of Alberta ihre Karten vervollständigten und ihre Notizen aufarbeiteten, sollten die Knochenfunde vom Booth Point sie erneut beschäftigen.

Fast alle Schädelfragmente waren von ihnen in der Nähe einiger größerer Steine gefunden worden, die als Eingang zu einem Zelt identifiziert worden waren, während die Arm- und Beinknochen eher wahllos verstreut außerhalb des Steinrings gelegen hatten. Was man anfangs für die Überreste eines Seemannes gehalten hatte, den man entweder sterbend oder tot im Lager zurückgelassen hatte, begann plötzlich ein grausiges Geheimnis zu offenbaren.

Ende September, als Beattie und Savelle den ersten Bericht über die Forschungsergebnisse des Sommers vorbereiteten, fügte sich plötzlich alles ineinander: sie hatten den physikalischen Beweis gefunden, der die Erzählungen der Inuit über Kannibalismus unter den sterbenden Mannschaftsmitgliedern bestätigte.

Als er den rechten Oberschenkelknochen untersuchte, bemerkte Beattie, daß der Knochen drei in etwa parallel verlaufende Kerben von 0,5 – 1 mm Breite und bis zu 13 mm Länge an der rückwärtigen Oberfläche aufwies. Diese Einkerbungen stammten aller Wahrscheinlichkeit nach von einem Messer und unterschieden sich sehr von Zahnspuren nagender Tiere, wie sie Füchse, Wölfe oder Eisbären hinterlassen.

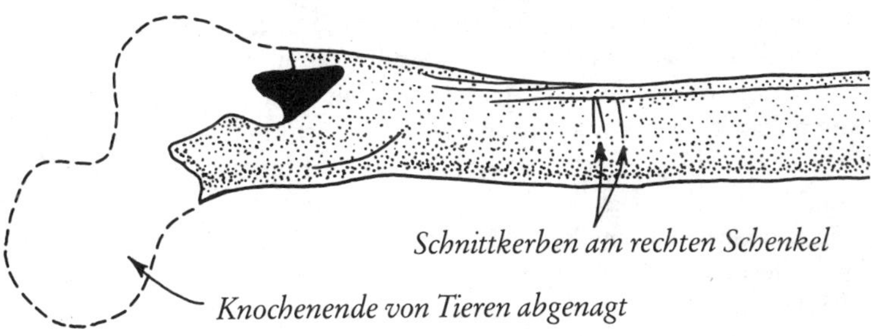

Die Bruchlinien am Schädel deuteten darauf hin, daß er gewaltsam zerbrochen worden war; das Gesicht – einschließlich beider Kiefer und aller Zähne – fehlte. Die Vermutung, daß der Körper absichtlich zerstückelt worden war, wurde ferner dadurch gestützt, daß man nur bestimmte Einzelteile des Skeletts gefunden hatte: den Kopf, Arme und Beine. Neben dem Gesicht fehlten die 24 Rippen, das Brustbein, alle 24 Rückenwirbel, die drei großen Hüftknochen (Kreuzbein und zwei Beckenknochen), die beiden Schlüsselbeine und die Schulterblätter.

John Rae, ein Forscher der Hudson's Bay Company, hatte als erster von dieser grausigen Möglichkeit gehört. Im Frühjahr 1854 hatten ihm Eingeborene, die einige Ausrüstungsgegenstände von Franklin in ihrem Besitz hatten, Einzelheiten über das fürchterliche Ende der Expedition erzählt. Rae berichtete darüber:

> Aus den Verstümmelungen vieler der Leichen und den Inhalten der Kessel geht klar hervor, daß unsere unglücklichen Landsleute sich zum Äußersten gezwungen sahen – Kannibalismus als Mittel der Verlängerung ihrer Existenz.

Viele Briten weigerten sich schlicht zu glauben, daß es Kannibalismus überhaupt geben könne. Charles Dickens, der die Suche nach Franklin genau verfolgte, sprach ihnen aus dem Herzen, als er 1854 ausführte, die Mitglieder der Franklin-Expedition repräsentierten „die Blüte der englischen Marinesoldaten. [...] es ist in höchstem Maße unglaubwürdig, daß solche Männer, selbst in einer extremen Notsituation, die Qualen des Verhungerns auf derart entsetzliche Weise lindern wollten oder könnten."

Dickens griff dann die Quelle der Erzählungen an, die Inuit: „[Sie] sind habgierig, hinterhältig und grausam ... mit einer Vorliebe für Blut und Walfischspeck." Der Oberrichter der Vereinigten Staaten, Charles Patrick Daly, Präsident der American Geographical Society, ging noch einen Schritt weiter und behauptete, daß Franklin „von Indianern ermordet wurde, die bereits ihre Hände in das Blut weißer Reisender getaucht hatten". Aber 15 Jahre später sollte auch Charles Francis Hall von den Geschichten über Kannibalismus hören, und sein Bericht enthielt diesmal sehr viel mehr Einzelheiten.

Selbst heute noch erscheinen diese Geschichten so scheußlich, daß man sie kaum glauben kann. Die Inuit berichteten, sie hätten mit Menschenfleisch gefüllte Stiefel gefunden, gekochtem Menschenfleisch. „Einige Knochen waren mit einer Säge zersägt worden; einige Schädel waren geöffnet", schrieb Hall. Von anderen Skeletten, die man in der Nähe fand, war sorgfältig alles Fleisch entfernt worden.

Wer satt ist, kann sich unmöglich vorstellen, daß irgendein zivilisierter Mensch absichtlich und wissentlich ein menschliches Gehirn essen, Adern verspeisen oder Knochen aufschlagen könnte, um an das Mark heranzukommen. Das ist heute nicht anders als in den Tagen Queen

Victorias. Aber unter bestimmten entsetzlichen, lebensbedrohenden Umständen würden viele zu der Erkenntnis gelangen, der sich die letzten zerschundenen Überlebenden der Franklin-Expedition gegenübersahen: daß Kannibalismus das letzte war, was sie vielleicht noch vor dem sicheren Tod bewahren konnte.

Moderne Katastrophen, wie 1972 der Absturz einer Chartermaschine in den Anden von Uruguay, vermitteln einen Einblick in das Grundprinzip der Konsumierung von Menschen als Nahrung. Einer der Überlebenden dieses Flugzeugunglücks erklärte später bei einem Interview:

> Wirklicher Hunger ist, wenn du gezwungen bist, Menschenfleisch zu essen. Aber wenn du merkst, wie du jeden Tag dünner und dünner und immer schwächer wirst und siehst, wie die Knochen heraustreten, und fühlst, wie deine Sehkraft schwindet – ergreifst du schließlich jede sich bietende Möglichkeit, um zu überleben.

Kannibalismus scheint nach bestimmten Regeln abzulaufen, die vom Hunger diktiert werden: ist die Entscheidung gefallen, sind die ersten Partien, die dem Körper entnommen werden, die fleischigeren Teile wie die Hinterbacken, Oberschenkel, Unterschenkel und Arme. Alle Teile, die eindeutig als menschliche Gliedmaßen identifizierbar sind, wie Hände und Füße, werden anfangs nicht gegessen. Wenn die Zeit fortschreitet und der Hunger die Überlebenden immer mehr quält, sind die Wahlmöglichkeiten bereits eingeschränkt, und nun werden auch Knochenmark, innere Organe, Adern und die Haut verzehrt. Das Entfernen des Muskelgewebes erfolgt in der Regel mit einem Messer oder einem anderen scharfen Gegenstand, was Schnittmarkierungen auf dem Knochen hinterlassen kann. Prähistorische Fälle von Kannibalismus im Zusammenhang mit Kampfhandlungen liefern viele Beispiele für Schlachtungen. Um an das Knochenmark heranzukommen, ist es erforderlich, den Knochen zu spalten. Das Gehirn wird entweder durch die Basis des Schädels entnommen oder gegessen, nachdem das Gesicht weggeschnitten wurde. Der Bedarf der sterbenden Franklin-Crew an tragbaren Nahrungsmittelvorräten war der Grund dafür, warum in diesem Fall die Regel auf den Kopf gestellt wurde.

Beattie glaubt, daß sich eine kleine Gruppe der letzten Überlebenden der Expedition im Juli oder August 1848 an der Südküste von King William Island in östlicher Richtung dahingeschleppt hat. Die erschöpften Männer hofften immer noch, die Mündung des Back River zu erreichen. Von dort aus wollten sie versuchen, ungefähr 1.500 km stromaufwärts zu wandern, bis zu einem Fort der Hudson's Bay am östlichen Rand des großen Sklavensees. Nachdem sie infolge zunehmender Erschöpfung – verschlimmert durch Skorbut – deutlich langsamer als gedacht vorankamen und ihre Nahrungsvorräte aufgebraucht waren, müssen die Seeleute verzweifelt nach einer anderen Nahrungsquelle gesucht haben. Aber es gab zu wenig Vogeleier, um die Gruppe zu ernähren, und die Jagd brachte auf dieser kargen nördlichen Insel auch nichts. Als es schließlich nichts Eßbares mehr gab und die Expeditionsteilnehmer durch Hunger und Krankheit so geschwächt waren, daß sie nicht mehr weiterkonnten, setzten sich die Männer hin und erwarteten den Tod. Aber mit dem ersten Toten erwachte plötzlich eine neue Hoffnung. Die Überlebenden müssen sich gegenseitig bei dem Gedanken an eine ganz nüchterne Tatsache ertappt haben: es gab Wege, dem Hungertod zu entgehen...

Wenn sie den Rumpf des Toten verspeisten, würde ihnen dies genug Kraft gegeben haben, um ihren Weg fortzusetzen. Kopf, Arme und Beine, die man leicht tragen konnte, wurden als Vorrat mitgenommen. Schließlich gelangten sie zu einem Teil der Insel, an dem die Küstenlinie nach Nordosten abbog – ihrem Ziel entgegengesetzt. Sie kampierten auf einer schmalen Landzunge nahe Booth Point, derselben Landzunge, die später von den Forschern der University of Alberta besucht wurde. Hier aßen sie ihr letztes Mahl. Krankheit und physischer Verfall ließen ihre Kräfte immer weiter schwinden, während sie sich anschließend nach Süden wandten, um die eisbedeckte Simpson Strait zu überqueren. Dabei mußten sie viele lange und schmale Spalten schwarzen Seewassers und die türkisfarbenen und blauen Schmelzwasserseen umgehen, während sie sich in Richtung Starvation Cove weiterquälten. Für sie sollten das Abenteuer und das Leid bald ein Ende haben.

6
SCHATTEN

Bei der Erforschung der Küste von King William Island im folgenden Jahr wollte Beattie, der diesmal von dem wissenschaftlichen Assistenten Walt Kowal, einem graduierten Anthropologiestudenten der University of Alberta, Arne Carlson, einem graduierten Archäologie- und Geographiestudenten der Simon Frazer University in Britisch-Kolumbien und dem Inuitstudenten Arsien Tungilik begleitet wurde, den Spuren M'Clintocks aus dem Jahr 1859 und denen Schwatkas aus den Jahren 1878/79 folgen. Obgleich beide Forscher damals an zahlreichen Stellen Skelettreste von Seeleuten gefunden hatten, stützte sich das Team bei seiner Suche vor allem auf Schwatkas Berichte, da dieser mehr gefunden und beschrieben hatte. Auch hatte er die verstreut liegenden Knochen gesammelt und an den Fundstellen in Gemeinschaftsgräbern beigesetzt, die durch Steinmale gekennzeichnet wurden. Beattie hoffte, diese Gräber lokalisieren zu können, und berechnete voller Erwartungen anhand von Schwatkas Aufzeichnungen und Karten ihre voraussichtliche Lage. Aufgrund der beschriebenen Knochen, die an bestimmten Plätzen begraben worden waren, schätzte Beattie, daß sie an einigen Orten die Überreste von vier oder mehr Mannschaftsmitgliedern finden würden.

Am 28. Juni 1982, nach einem dreieinhalbstündigen Flug, schwebte die von dem Polar Continental Shelf Project bereitgestellte Twin Otter südlich von Resolute über der Seal Bay an der Westküste von King William Island. Nachdem der Pilot einen trockenen Kiesrücken ausgemacht hatte, flog er einen Bogen, wobei er die Geschwindigkeit drosselte und so weit hinunterging wie nur möglich. Der Co-Pilot öffnete die Tür, und er und Arne Carlson warfen eine Kiste mit Vorräten aus der Maschine. Alle beobachteten, wie sie ein paarmal aufschlug und dann auf dem Grat liegenblieb. Ihre pinkfarbene Stoffumhüllung war kilometerweit zu sehen. Das Flugzeug flog anschließend nach Süden weiter, an der Küste der Erebus Bay entlang, wo das Ganze noch einmal wiederholt wurde. Das Schmelzwasser auf King William Island machte eine Landung zu dieser Jahreszeit dort unmöglich. Deshalb hatten die Leute von der Polar Shelf Base in Resolute vorgeschlagen, die Sachen auf der Insel abzuwerfen.

Das wissenschaftliche Team flog weiter nach Gjoa Haven, wo Arsien Tungilik zustieg. Von dort flog die Twin Otter zur Nordwestküste zurück. Nach einiger Zeit drehte der Pilot plötzlich nach links ab. Er hatte einen einigermaßen guten Landeplatz entdeckt, der normalerweise vom sommerlichen Schmelzwasser bedeckt war. Er gab Beattie ein Zeichen und deutete aus seinem Fenster auf einen Sandstreifen am Strand. Nach einem Blick auf die Karte und aus dem Fenster nickte Beattie sein Einverständnis. Diese Stelle, die etwa fünf Kilometer nördlich von Victory Point lag, würde ein guter Ausgangspunkt für ihre Untersuchungen sein. Nach einem nochmaligen Tiefflug über den Platz setzte der Pilot die Maschine auf, wobei es auf jeden Meter ankam. Während er ein Triebwerk eingeschaltet ließ, sprangen die Wissenschaftler aus der Seitentür der Maschine, und man begann, das Gepäck auszuladen. Innerhalb von fünf Minuten war alles draußen aufgestapelt, und Pilot und Co-Pilot stiegen wieder ein. Nachdem das zweite Triebwerk gestartet worden war, gab der Pilot Gas, und das Flugzeug rollte an. Sekunden später war es in der Luft und nahm Kurs auf das entfernte Gjoa Haven, wo vor der Rückkehr nach Resolute noch einmal aufgetankt werden sollte.

Obgleich Proviantkisten für die Gruppe entlang der geplanten Route abgeworfen worden waren, hatte jeder von ihnen einen schweren Rucksack zu tragen. Zusätzliche Kleidung für den Fall, daß die Temperaturen auf den Gefrierpunkt sanken, und ihre persönlichen Dinge wurden ganz nach unten gestopft. Als nächstes kamen die Nahrungsmittel, in der Hauptsache abgepackte, gefriergetrocknete Sachen und Schokolade. Zuoberst lagen wichtige Dinge wie Streichhölzer, Werkzeug für die Zelt- und Bootsreparatur und Munition. Die Schlafsäcke wurden unter die Rucksäcke gehängt, Zelte und Schlafmatten an den Seiten befestigt. Das Gewehr und die Schrotflinte waren obenauf angebracht, so daß man sie beide erreichen konnte, wenn man den Rucksack auf dem Rücken trug. Weitere Dinge, die das Gepäck belasteten, waren Kocher und Brennstoff. Außerdem führte die Gruppe einen Radiosender mit, über den sie zweimal täglich Kontakt mit dem

Basislager in Resolute aufnehmen sollte. Später, als die Vorratslager aufgelöst wurden, waren die Rucksäcke der Expeditionsteilnehmer zum Bersten mit Ausrüstungsgegenständen gefüllt und noch weit mehr draußen drangehängt.

Jeder von ihnen hatte schwer an der Last zu tragen; Beattie und Tungilik schleppten mehr als 30 kg und Carlson sogar noch mehr. Kowal, ein kräftiger Mann mit unerschöpflicher Energie, fungierte buchstäblich als selbsternanntes Lasttier des Teams. Während der ersten Phase des Unternehmens mußten Beattie und Carlson seinen Rucksack anheben, damit er ihn sich aufladen konnte. Außer seinem eigenen Gepäck schleppte er zusätzliche Nahrungsmittel, das Radio, ein Gewehr, Munition, einen Schlafsack und eine Schlafmatte, ein Zelt, ein aufblasbares Floß, 2 Ruder, 2 Spirituskocher, seine Kamera und, hinten auf den Rucksack aufgeschnallt, noch einen vollen 5-Gallonen-Kanister mit Brennspiritus – ein Gesamtgewicht von mehr als 60 kg. Der Anblick Kowals amüsierte und verblüffte Beattie zugleich: Ein riesiger Berg an Ausrüstungsgegenständen schien sich wie von selbst vorwärts zu bewegen, angetrieben von zwei Beinen, die jedesmal verschwanden, wenn er in die Hocke ging, um irgend etwas am Boden zu betrachten. Dann erhob sich der Berg langsam wieder und setzte seinen Weg fort.

Beladen wie sie waren, gingen sie nur langsam und versuchten, Energie zu sparen. Die Suche erforderte wache Aufmerksamkeit und gute Augen; Müdigkeit würde ihre Arbeit beeinträchtigen. Von Camp zu Camp legten sie häufige Pausen ein und stärkten sich mit Tee, Kaffee oder heißer Schokolade. Auf diese Weise waren sie in der Lage, jeden Tag eine Strecke von 10 bis 20 Kilometern abzusuchen. Soweit sie ein Gebiet von einem eingerichteten Camp aus durchforschten, nahmen sie nur das notwendigste Gepäck für einen Tag mit und erhöhten so ihren Aktionsradius und ihre Geschwindigkeit erheblich.

Sicherheit spielte während der Forschungsarbeiten eine wichtige Rolle. Der Gesundheitsdienst der Universität hatte sie mit einer gut sortierten Erste-Hilfe-Ausrüstung versehen, die Dinge wie Sonnenschutz (für Gesicht und Nase), aufblasbare Schienen, Bandagen aller Arten, Mittel gegen die Kälte, Antibiotika und Schmerzmittel enthielt. Abgesehen von der entfernten Möglichkeit einer Eisbärattacke war ihr größtes Risiko eine Bein- oder Rückenverletzung durch Sturz oder eine Verstauchung des Fußgelenks. Auch bestand die Gefahr der Unterkühlung, falls einer von ihnen ausglitt, während sie einen der zahlreichen Flüsse, die auf ihrem Weg lagen, durchquerten oder draußen auf dem Eis in eine Spalte fiel.

An ihrem ersten Tag auf der Insel, noch bevor sie ihr Lager aufgeschlagen hatten, begegneten sie einem neugierigen Polarfuchs, der sie von einer nahegelegenen Sandbank aus beobachtete. Beattie nahm diesen kurzen Besuch des kleinen Tiers, das noch seinen dichten Winterpelz trug, als einen Willkommensgruß auf dieser ungewöhnlichen Insel, die sie sich gerade erobern wollten. Beattie hatte zwar die Südküste von King William Island im Vorjahr besucht, doch diesmal führte ihr Weg in Gebiete, die viele Jahre lang kein Mensch betreten hatte.

Nachdem der Fuchs das Weite gesucht hatte, beeilten sich die vier Forscher, die Zelte für ihr erstes Lager aufzuschlagen und sich eine Mahlzeit zu bereiten. Dann erforschten sie noch kurz die nähere Umgebung, obgleich sie von dem langen Marsch über die Ebene ziemlich erschöpft waren. Ihr Gang ins Landesinnere führte sie bald an einen großen See. Das Land war nach allen Seiten hin flach und praktisch überall mit einer dünnen Wasserschicht bedeckt.

Bereits in der ersten Nacht sollten sie die Erfahrung machen, daß man sich auf King William Island leicht täuschen kann. Auch wenn der Boden absolut flach erscheint, kann es in Wahrheit anders sein. An einer Küste mit leicht fließendem Sandstrand ist es fast unmöglich, auch nur einen schmalen Streifen absolut ebenen Bodens zu finden. Die Folge war, daß ihre Schlafsäcke in der Nacht langsam über den Boden rutschten bis zum niedrigsten Punkt des Zeltes. Diese erste Nacht auf der Insel war nicht die letzte, in der Beattie mehrmals davon aufwachte, daß er gegen die Zeltwand gedrückt wurde und wie eine Raupe in die Mitte des Zeltes zurückrobben mußte.

Am nächsten Morgen, als sie an der Küste nach Norden weiterwanderten, erwärmte sich die Temperatur allmählich auf 5 °C: die Sonne brach durch, der Wind sprang um und wehte vom Landesinneren her. Sie machten eine kurze Pause, zogen ihre Parkas aus und setzten ihre Arbeit für den Rest des Tages in Hemdsärmeln fort. Die Wärme um diese Jahreszeit hatte zur Folge, daß große Mengen Schmelzwasser von den Inlandseen in Richtung Küste abflossen, was ihre Suche sehr erschwerte und teilweise nahezu unmöglich machte. Jeder Kilometer Küstenlinie, der vom Wasser bedeckt war, bedeutete für gewöhnlich zwei oder mehr Kilometer Umweg. Sie hatten geplant, die gesamte Küste bis Cape Felix an der Nordwestspitze der Insel abzusuchen. Nun stellten sie fest, daß dies zu Fuß völlig unmöglich war. Deshalb entschlossen sie sich, als sie am

Cape Maria Louisa, 20 Kilometer südlich von Cape Felix, an einen schnell fließenden Strom kamen, umzukehren und ihre Suche in entgegengesetzter Richtung fortzusetzen. Nachdem sie vergebens nach einem Lagerplatz Franklins gesucht hatten, der hier 1859 von M'Clintock und Hobson entdeckt worden war, schlugen sie das Lager für die Nacht auf und marschierten am nächsten Tag in die Nähe von Victory Point zurück.

Am Morgen des 30. Juni setzten die vier Männer ihren Marsch nach Süden fort, standen aber bald wieder am Ufer eines weiteren angeschwollenen Flusses. Die Tiefe des Wassers und die rasche Strömung zwangen die Männer, einen Umweg bis auf das Eis der Victoria Strait hinaus zu machen, um die Flußmündung zu umgehen. Sie wickelten einen Teil ihres Gepäcks in eine große orangefarbene Persenning und banden die Ecken zusammen. Das große Bündel hinter sich herziehend und beladen mit den bis zum Bersten gefüllten Rucksäcken, bahnten sie sich ihren Weg über die aufgeschichteten Eisschollen am Ufer und dann auf das weiter von der Küste entfernte glattere Eis.

Zwei Stunden lang wanderten, wateten und sprangen sie über Brüche, offene Wasserflächen und Spalten im Eis, die durch den Strom entstanden waren, bis sie schließlich abbiegen und auf den festen Boden des Ufers auf der gegenüberliegenden Seite des Flusses zurückkehren konnten. Nach kurzer Rast wanderte die Gruppe an der Küste entlang nach Süden weiter bis zu dem Punkt, den James Clark Ross 1830 erreicht und dem er den Namen Victory Point gegeben hatte.

Während er auf einem niedrigen Hügel stand und nach Süden blickte, konnte Beattie nur staunen, mit welcher Präzision Ross die Szenerie auf einem Stich festgehalten hatte, als er als Teilnehmer an der später gescheiterten Expedition seines Onkels, Kapitän John Ross (1829–33), den Ort besucht hatte. James Clark Ross schrieb hierüber:

> Am Victory Point errichteten wir ein sechs Fuß hohes Steinmal und schlossen darin einen Behälter ein, der einen kurzen Bericht über die Fortschritte der Expedition seit unserer Abfahrt aus England enthielt, obgleich ich gestehen muß, daß wir damals nicht die allergeringste Hoffnung hatten, daß unsere kleine Geschichte je von einem Europäer gelesen werden würde.

Trotz der Genauigkeit der Darstellung wurde das von Ross errichtete Steinmal jedoch nicht gefunden. Nur ein kleiner Steinhaufen, der aus der Mitte der siebziger Jahre stammte, war noch vorhanden.

Victory Point liegt auf einem ebenen, steinigen Vorsprung, der in die Victoria Strait hinausragt und sich weniger als 10 m über den Wasserspiegel erhebt. Von hier aus kann man das mehrere Kilometer weiter südlich gelegene Cape Jane Franklin sehen, das auf seiner Westseite von ewigem Schnee bedeckt ist; und nach Westen hin die schmale, horizontale dunkle Linie von Franklin Point. Ross gab beiden 1830 ihren Namen. Was die Bezeichnung Franklin Point anging, so meinte er in seinem Tagebuch: „Selbst wenn dieser Name inzwischen mehr als nur einem Platz verliehen wurde, ist diese Ehre ... unstreitig geringer, als sie die Verdienste dieses Offiziers verdienen."

Es mutet an wie eine Ironie des Schicksals, daß Sir John Franklin 17 Jahre später ausgerechnet in Sichtweite von Franklin Point starb.

Drei Kilometer südlich von Victory Point kamen Beattie und seine kleine Gruppe zu einer sehr viel kleineren Landzunge. Dies war der Ort, an dem sich am 25. April 1848 die Mannschaften der *Erebus* und *Terror* versammelt hatten, nachdem sie drei Tage zuvor ihre Schiffe 24 Kilometer (5 leagues = Meile zu 4,8 km) entfernt in NNW verlassen hatten. Neben Beechey Island war dies der Ausgangspunkt für die Erforschung des weiteren Schicksals der Expedition. Denn hier wurde die so außerordentlich wichtige Nachricht hinterlassen, die einige der wenigen konkreten Details über den Zustand und die Aktivitäten der Mannschaften enthält, von der Überwinterung auf Beechey Island 1845/46 bis zum Verlassen der Schiffe am 22. April 1848.

Sie schlugen ihr Lager auf, und Beattie richtete sich darauf ein, zwei Tage darauf zu verwenden, den Platz gründlich zu durchsuchen und zu kartieren und die Umgebung zu durchstreifen. Die beiden Zelte wurden so aufgestellt, daß sich ihre Eingänge gegenüberlagen. Auf diese Weise konnte das Team in einem behelfsmäßigen „Hof" zusammensitzen, sich unterhalten und die Mahlzeiten bereiten. Am ersten Abend verfärbten sich Himmel und Wolken im Süden plötzlich tiefrot, und Blitze zuckten aus den Wolken zur Erde herab. Obgleich ihre Zelte noch im goldenen Sonnenlicht lagen, beobachteten die vier mit Sorge, wie der dunkle Sturm südlich von ihnen nach Westen wanderte. Crozier's Landing, wo sie ihr Lager errichtet hatten, ist so eben, daß ihre metallenen Zeltstangen deutlich herausragten – und möglicherweise den Blitz anzogen. Alle waren erleichtert, als sich das Gewitter schließlich verzog.

1982 fanden sich nur noch wenige Überreste der Franklin-Expedition auf Crozier's Landing. Wo einst Berge von weggeworfenen Sachen herumgelegen hatten, konnten jetzt nur noch verstreut Stiefel- und Kleiderreste, Holzstücke, Leinwandfetzen, Tonscherben und ähnliche Dinge zwischen Steinen und Kies herausgelesen werden. Beattie erspähte noch eine verrostete, aber im übrigen vollständige eiserne Gürtelschnalle, und wo M'Clintock einen Herd und einen Berg Kohlen gefunden hatte, entdeckten sie noch eine Herdabdeckung. Man fand außerdem eine zerbrochene, aber vollständige bernsteinfarbene Medizinflasche sowie eine farblose Glasscherbe mit dem Pfeilzeichen der Marine, die das Fundstück Franklin zuordnete.

Glasfragment mit dem „Pfeil" der Marine

Was Beattie betroffen machte, war die Armseligkeit der Fundstücke, die diesen archäologisch so bedeutsamen Platz kennzeichneten. Wie konnte ein Ort mit einer so tragischen und verzweiflungsvollen Geschichte, von der 105 dem Untergang geweihte Männer betroffen waren, dermaßen unberührt erscheinen?

Die Gegenstände, die 1982 eingesammelt und kartographisch erfaßt wurden, waren zwar traurige, aber eigentlich nichtssagende Erinnerungsstücke an eine gescheiterte Expedition. Der Ort selbst war inzwischen dermaßen verändert, daß die Suche nach dem von Schwatka entdeckten Grab Leutnant John Irvings ergebnislos verlief. Eine Serie von wenigstens 13 Steinkreisen zeigte an, wo genau Franklins Leute ihre Zelte errichtet hatten. Weitere „Zeltkreise" zeugten von späteren Besuchen, vor allem M'Clintocks und Hobsons 1859 und Schwatkas 1879 sowie einiger Inuit. Aus jüngerer Zeit stammten eine Grube, die Major L. T. Burwash 1930 ausgehoben hatte, kleine Berge korrodierter Metallteile (möglicherweise die Reste von Blechdosen), eine Notiz, die eine Gruppe während ihres Flugzeugbesuches 1954 hinterlassen hatte sowie zahlreiche Anzeichen für die Anwesenheit von Menschen während der letzten zehn Jahre. Auf dem höchsten Punkt von Crozier's Landing (7 m über dem Meeresspiegel) steht ein modernes Steinmal, das die ungefähre Position der Steinpyramide anzeigt, in der Hobson 1859 die letzte Nachricht der Franklin-Expedition fand. Daneben liegen überall verstreut die Abfallreste unserer eigenen Generation.

Eine interessante Entdeckung machte Beatties Gruppe, als sie die Fundorte der Gegenstände auf dem Uferrücken mit rotem Maßband markierte. Parallel zu diesem Kiesrücken befand sich bis zur Eislinie reichend ein Streifen Morast, der infolge der warmen Jahreszeit abgetaut war. Gut sichtbar lagen dort Taurollen von unterschiedlicher Größe.

Die Luftundurchlässigkeit des Morastes und die langen Frostperioden hatten für eine gute Konservierung des organischen Materials gesorgt, ganz im Gegensatz zu den in Fäulnis übergegangenen Tauen und Leinwandfetzen, die man auf dem Kies gefunden hatte. Eine dieser erhaltenen Rollen bestand aus schwerem Tauwerk von 5 cm Durchmesser.

Abgesehen von dieser Entdeckung war von einer Präsenz der Franklin-Mannschaften auf Crozier's Landing nichts mehr zu spüren. Es war fast unmöglich, sich jene geschäftige Aktivität und Vorbereitung vorzustellen, die bald darauf in wachsende Verzweiflung umschlug. Die Spuren dieser berühmtesten aller Polarexpeditionen waren fast gänzlich getilgt. Was immer an Geistern einmal hier herumgespukt hatte, war in den dazwischen liegenden Jahren von dem stürmischen und kalten Wind hinweggefegt worden, der beständig vom Eis herüberweht. Beattie begann sich zu fragen, ob seine Zeit, auf King William Island nach neuen Hinweisen zu suchen, nicht möglicherweise vertan war.

Während er auf Crozier's Landing stand, wo 1848 der Todesmarsch der Expeditionsteilnehmer begonnen hatte, ließ Beatties Interesse an den 105 Männern merklich nach, die bei dem Versuch gestorben waren, zu Fuß aus der Arktis herauszukommen, und denen bis dahin sein Hauptaugenmerk gegolten hatte. Plötzlich begannen ihn die 24 anderen weit mehr zu interessieren, die bereits vor diesem Zeitpunkt gestorben waren (darunter allein 9 Offiziere), als die Mannschaften noch auf den Schiffen waren und genug zu essen gehabt hatten. Nach dem Verlassen der Schiffe war der Tod der 105 Überlebenden an den unwirtlichen Küsten von King William Island im Grunde vorprogrammiert. Immer deutlicher zeichnete sich ab, daß die Lösung des Rätsels um den Untergang der Franklin-Expedition nicht an ihrem tragischen Ende, sondern zeitlich weit früher zu suchen war.

Beattie beschäftigte vor allem die Zeit von August 1845, als die Expedition die arktische Inselwelt erreichte, bis zum 22. April 1848, als man die im Eis vor King William Island eingeschlossenen Schiffe aufgab. Während dieser 32 Monate, über die so gut wie nichts bekannt war, waren neun Offiziere, unter ihnen Franklin selbst, und 15 Seeleute gestorben. Drei waren auf Beechey Island beigesetzt worden. Die Gräber der anderen hatte man nie gefunden. Schon bevor die Mannschaft die Schiffe verlassen hatte, war die Franklin-Expedition zu einem beispiellosen Desaster geworden. Auch John Ross und seine Mannschaft waren gezwungen gewesen, ihr Forschungsschiff *Victory* an der Südostküste der Halbinsel Boothia zu Beginn des Jahres 1830 aufzugeben. Erst vier Jahre später waren sie schließlich von einem Walfänger entdeckt worden. Aber trotz dieses langen Aufenthaltes in der Arktis, ohne den Schutz eines Schiffes und an den schweren Folgen von Skorbut leidend, war Ross mit 19 seiner ursprünglich 21 Leute nach England zurückgekehrt. Möglicherweise konnten Beattie daher gerade die 24 Seeleute, die bereits an Bord gestorben waren, völlig neue Hinweise für den Zusammenbruch der Franklin-Expedition liefern.

Während er und Carlson die wenigen Gegenstände, die auf Crozier's Landing gefunden worden waren, in die Karte eintrugen und einsammelten, bauten Kowal und Tungilik aus Holz, das sie am Rand des Eises gefunden hatten, einen behelfsmäßigen Schlitten. Runde Nägel und die relative Frische des Holzes ließen vermuten, daß beides neueren Datums war. Die beiden Zimmerleute leisteten gute Arbeit. Auf dem Schlitten wollte man die Lagerausrüstung südwärts über das eisbedeckte Collinson Inlet zum nahen Gore Point ziehen. Zwar war das Eis bereits ziemlich mürbe und begann aufzubrechen, aber bei einiger Sorgfalt konnten sie sich mehr als eine Woche Fußmarsch ersparen, wenn sie den Weg quer über die Bucht nahmen, statt sie an ihrem feuchten und morastigen Ufer zu umrunden.

Nach einer Stunde war der Schlitten beladen, und sie traten ihren Treck nach Süden an. Gegen Abend wurde es kalt; ein silbriger Nebel zog über das Eis. Der Wind, für gewöhnlich ihr ständiger Begleiter, war zu einem leisen Hauch geworden. Beattie und Carlson, die zurückgeblieben waren, um die letzten Gegenstände einzusammeln, beobachteten, wie die beiden anderen allmählich im Nebel verschwanden. Sie standen wohl zehn Minuten still da, während sie den leiser werdenden Geräuschen der stampfenden Schritte und der Schlittenkufen lauschten.

Während Kowal den 150 kg schweren Schlitten an einem Seil zog, das er sich um den Oberkörper geschlungen hatte, legten die beiden den vier Kilometer langen Weg schwankend, rutschend und sich mühsam vorwärts kämpfend in vier Stunden zurück. Tungilik, der sich mit dem Eis besser auskannte, ging voraus und kundschaftete die sicherste Route aus; Kowal folgte ihm vertrauensvoll. Sobald sie wieder Land erreicht hatten, schleppten sie ihr Gepäck zum Strand hinauf. Obwohl beide völlig erschöpft waren, machten sie sich sofort auf den mühsamen Rückweg, um Beattie und Carlson entgegenzugehen. Der Weg über das Eis war schwierig und gefährlich. An manchen Stellen war es bereits so weich, daß sie bis zu den Knien einsanken. Große Schmelzwasserseen bedeckten die Oberfläche. An zahlreichen Stellen hatten sich bereits Spalten gebildet. Massive Hügel aus Schnee und Eis versperrten ihnen gelegentlich den direkten Weg. Beattie sorgte sich, was geschehen würde, wenn sie plötzlich auf der anderen Seite einen Eisbären aufschrecken würden. Deshalb machten sie um diese kleinen Eisberge jedesmal einen großen Bogen.

Beattie stellte fest, daß das Eis, das sie gerade überquerten und seit ihrer Ankunft auf King William Island seewärts gesehen hatten, einjähriges Eis und häufig nicht viel dicker als 30 cm war. Vor kurzem war es Wissenschaftlern des Polar Continental Shelf Project gelungen, die klimatischen Verhältnisse in der Arktis über einen längeren Zeitraum zu bestimmen, indem sie Eisproben aus dem Inneren der Gipfel der Hocharktis untersucht hatten.

Sie waren zu dem Ergebnis gekommen, daß die Jahre, in die die Franklin-Expedition fällt, eine der schlechtesten Perioden innerhalb eines Zeitraums von 700 Jahren war. Dies erklärte das mehrjährige Eis von an manchen Stellen bis zu zwei Metern Dicke, dem sich Franklin unterhalb der Nordwestküste von King William Island gegenüber sah.

Beattie und Carlson quälten sich mit ihrem Gepäck bereits seit einer Stunde über das Eis. Der Nebel hatte sich inzwischen gelichtet, und in etwa einem Kilometer Entfernung sahen sie Kowal und Tungilik auf sich zukommen. Nach einer weiteren Stunde waren sie alle sicher auf der anderen Seite.

Am 4. Juli suchten sie vergeblich das Grab eines von Franklins Leuten, von dem Schwatka berichtet hatte. Sie forschten auch nach dem Steinmal auf Gore Point, in dem Hobson 1859 eine zweite Notiz der Franklin-Expedition entdeckt hatte. Faktisch war diese Notiz mit der bei Crozier's Landing gefundenen Nachricht identisch, enthielt jedoch nur Informationen über die 1847 von Gore und De Vouex geführte Forschungsgruppe. Die Randbemerkungen fehlten auf diesem Dokument, obgleich seltsamerweise der Irrtum in der Datierung der Überwinterung auf Beechey Island wiederholt war. Sie fanden schließlich einen kleinen Steinhaufen an der äußersten Spitze des Gore Point. Da er ohne Zweifel von Menschenhand stammte und nicht zu einer alten Zeltkonstruktion gehörte (weder von Inuit noch von Europäern), schien es wahrscheinlich, daß diese Steine das abgetragene Steinmal repräsentierten, in dem einst die Notiz gelegen hatte.

Auf seinem Weitermarsch entlang der Küste nach Süden fand das Team keinerlei Anzeichen dafür, daß diese Region in letzter Zeit besucht worden war; nur die vermuteten Lagerplätze von Schwatka und seinen Leuten. Der nächste Punkt, auf den sich ihre Suche nun konzentrierte, war die Vorratskiste, die das Flugzeug auf dem Südstrand der Seal Bay abgeworfen hatte. Dort blieben sie zwei Tage, aßen sich endlich wieder richtig satt und beobachteten die Dutzende von Robben auf den Eisschollen draußen auf dem Wasser. Anschließend suchten sie die Küste weiter bis zu einer Stelle nahe Point Le Vesconte ab, wo Schwatka ein menschliches Skelett gefunden und beigesetzt hatte. Point Le Vesconte ist eine lange, schmale Landzunge, die in Wirklichkeit aus einer Reihe kleiner Inseln besteht. Bei Niedrigwasser ist es leicht, auf die Landzunge hinauszuwandern, aber wie sie feststellten, kann die Wassertiefe zwischen den Inseln bei Hochwasser fast Brusthöhe erreichen.

Von allen Schilderungen Schwatkas waren die Fundstellen zweier Skelette an dieser Küste am ausführlichsten beschrieben und genau auf den Karten des Suchteams lokalisiert. Am Point Le Vesconte hatte Schwatka menschliche Knochenfunde eingetragen, einschließlich eines Schädels, die um ein flaches Grab herum gefunden worden waren, das außerdem blauen Marinestoff von guter Qualität und Goldknöpfe enthalten hatte. Das unvollständige Skelett, bei dem es sich nach Schwatkas Meinung um einen Offizier gehandelt hatte, war sorgfältig eingesammelt und wieder in seinem ursprünglichen Grab beigesetzt worden. Anschließend hatte man ein Steinmal errichtet, um den Platz zu kennzeichnen. Aber wiederum gelang es dem Suchteam nicht, dieses Grab zu finden und auch nicht das zweite, ein Stück weiter an der Küste. Beattie war enttäuscht. Das Ganze ließ sich nur so erklären, daß Schwatka bei der „Beisetzung" der Skelettreste jedes Grab mit einem „Denkmal" gekennzeichnet hatte, das jeweils nur aus einer Handvoll Steine bestanden hatte.

An der mit Kies und Felsgestein bedeckten Küste von King William Island aber verloren sich derartige Gräber in der Landschaft. Nachdem sie das Gebiet einen ganzen Tag lang durchstreift hatten, wanderten die Mitglieder der Expedition enttäuscht weiter.

Am Morgen des 9. Juli stellte Beattie sein Kurzwellengerät für den täglichen 7-Uhr-Radiokontakt mit Resolute an. Aber anstelle der beruhigenden und bekannten Stimme vom Polar Shelf Basiscamp war nur ein Pfeifen zu vernehmen. Ein Kontakt mit Resolute kam an diesem Morgen nicht zustande. Die Antenne wurde überprüft, die Batterien ausgewechselt und die Verbindungsteile sowie das Fach für die Batterien gereinigt; alles, um am Abend die regelmäßige Verbindung wieder aufnehmen zu können.

Das Abreißen des Radiokontaktes ist in den Weiten der Arktis eine ernste Angelegenheit; das Polar Shelf entsendet in einem solchen Fall innerhalb von 48 Stunden ein Flugzeug zum letzten bekannten Aufenthaltsort, das einen Ersatzsender und neue Batterien bringt. Es könnte sich immerhin um einen echten Notfall handeln. Aber wenn die Kontaktaufnahme aus irgendeinem banalen Grund versäumt wird, man z. B. ganz einfach den Zeitpunkt verschlafen hat, stellt das Polar Shelf die aufgewandte Flugzeit zur Wiederherstellung des Kontaktes in Rechnung. Eine wichtige Funktion der zweimaligen Radioverbindung pro Tag besteht darin, die Standorte aller Gruppen von Wissenschaftlern zu verfolgen, die draußen in der Weite der kanadischen Arktis arbeiten. Es ist in jedermanns Interesse, den Beamten in Resolute Informationen über die eigene Position sowie eventuelle Pläne für eine Verlagerung des Camps mitzuteilen.

Mit dem Ausfall des Senders war das Team völlig von der Außenwelt abgeschnitten. Während die Gruppe zusammensaß und die Angelegenheit besprach, tauchte die Vermutung auf, daß wahrscheinlich die Sonnenaktivität für den Ausfall des Senders verantwortlich sei – ein relativ häufiger Vorfall, besonders während Perioden erhöhter Sonnenfleckenaktivität. Was Beattie beunruhigte, war, daß sie bei ihrem letzten Radiokontakt Resolute mitgeteilt hatten, sie seien auf dem Weg zu einem vorher festgelegten Camp, 40 km südlich der Erebus Bay. Der

Kontaktverlust mit Resolute bedeutete, daß möglicherweise in den nächsten ein bis zwei Tagen ein Flugzeug zur Erebus Bay geschickt wurde. Sie mußten daher alles daransetzen, noch vor Ankunft des Flugzeuges dorthin zu gelangen. Es folgten drei äußerst ermüdende, lange Tage der Suche und des Gepäckmarsches, bevor der Radiokontakt schließlich wieder hergestellt werden konnte. Während dieser drei Tage hatten sie das Gefühl, die einzigen Menschen auf Erden zu sein. Diese absolute Isolation, die durch den Ausfall des Radios entstanden war, war eine ernüchternde Erfahrung, auf deren Wiederholung sie keinen großen Wert legten.

Als sie sich über eine trostlose flache Landschaft Rivière de la Rocquette näherten, erweckten zwei kleine Objekte ihre Aufmerksamkeit. Das eine war ein unscheinbares graues Knäuel, das auf ihrem Pfad lag. Es entpuppte sich als ein kleiner arktischer Hase oder Junghase. Diese Hasen werden mit einem vollständigen Fell und weit offenen Augen geboren und können Minuten nach ihrer Geburt bereits laufen. Das kleine, niedliche Tier bildete einen starken Kontrast zu der abstoßenden Landschaft. Es war starr vor Schreck und sein Herz klopfte wie wild. Die Vier betrachteten es eine Weile, machten ein paar Fotos und gingen weiter. Das zweite Objekt stammte höchst wahrscheinlich von einem Inuit. Der Gegenstand war aus Material hergestellt, das der Betreffende im 19. Jahrhundert in einem Franklin-Camp aufgelesen hatte und ähnelte einer primitiven Angelrute aus zwei Holzstücken und Schnur. Das Holz wurde von einem Messingstift zusammengehalten. Das Ganze war ein gutes Beispiel für die Verwendung, die die Inuit für weggeworfene europäische Dinge hatten.

Während sie die Küste absuchten, waren sie zumeist auf dem aus Kalksteinschindeln bestehenden Kamm gewandert und gelegentlich durch flache Wasserlachen gewatet, die vom Land abflossen. Jetzt konnte das Team, die Augen mit den Händen gegen die Sonne abschirmend, das andere Ufer des Rivière de la Rocquette ungefähr einen halben Kilometer entfernt im Südwesten erkennen. Dahinter war das Land zu flach, als daß man irgendeinen Orientierungspunkt hätte ausmachen können. Der Fluß selbst bedeutete ein erhebliches Hindernis, und die Teammitglieder überlegten sich, ob sie versuchen sollten, ihn auf dem Eis der Erebus Bay zu umgehen. Sie hatten jedoch bereits früher am Tag die Wirkung beobachten können, die der Strom auf das Eis in der Bay ausübte. Die Wassermassen hatten es weit nach draußen gedrückt, und soweit man dies mit dem Fernglas erkennen konnte, sah das Eis nicht sehr einladend aus. Schließlich waren sich alle einig, daß es doch zu gefährlich sei hinauszugehen. So mußten sie den Fluß durchwaten.

Beattie erinnerte sich an eine sehr lebendige Beschreibung Schwatkas, der mit seiner Gruppe 103 Jahre zuvor an derselben Stelle gestanden hatte: Damals hatte man den Fluß von hier bis zur Mündung für unpassierbar gehalten. Die Gruppe war deshalb einige Kilometer landeinwärts gezogen bis dahin, wo der Fluß weniger breit war und man das eiskalte, bis zur Brust reichende Wasser durchwaten konnte. Beattie überlegte, wie er und seine Crew, die weit weniger abgehärtet und erfahren war als Schwatkas Leute, es anstellen sollten, um an das andere Ufer zu kommen. Carlson und Tungilik besaßen hüfthohe Gummistiefel, die sie von ihren Rucksäcken losbanden und anzogen. Kowal zog Stiefel an, die ihm bis zur Wade reichten und begann langsam, das leicht abfallende Ufer hinabzusteigen. Dabei suchte er sorgfältig nach Kiesbänken, um zu verhindern, daß ihm das Wasser von oben in die Stiefel lief. Tungilik folgte in seiner Spur. Carlson und Beattie packten das Zwei-Mann-Gummiboot aus, das sie seit ihrem Abmarsch (zusammen mit zwei Paddeln) mitgeführt hatten, und begannen es aufzublasen. Sie wollten es dazu benutzen, ihr Gepäck über den Fluß zu bringen. Beattie hoffte, auf diese Weise ebenfalls trocken hinüberzukommen. Da er nur Wanderstiefel besaß, schien es vernünftig, wenn Carlson ihn im Boot hinüberzog. Kowal war bereits zu weit draußen, als daß man hätte erkennen können, wieweit es ihm glückte, trockenen Fußes auf die andere Seite zu gelangen. Wind und Entfernung machten es unmöglich, sich mit ihm zu verständigen.

Carlson und Beattie hatten Schwierigkeiten, das Boot mit der Fußpumpe aufzublasen. Als sie es zur Hälfte geschafft hatten, gab die Pumpe ihren Geist auf. Obgleich ihnen daher nur ein ziemlich schlappes, schwer zu manövrierendes Wasserfahrzeug zur Verfügung stand, packte Beattie seinen Rucksack hinein und kletterte selbst hinterher. Er verlor sofort das Gleichgewicht, „ruderte" verzweifelt herum und landete mit den Beinen in der Luft auf dem Rücken. Nach einem herzlichen Gelächter richtete er sich mühsam auf und stieg völlig durchnäßt aus dem Boot. Carlson und er begannen nun, langsam hinter den anderen her zu waten, während das leere und schlaffe Boot, das sie mit einem Seil an Carlsons Rucksack gebunden hatten, in der Strömung hinter ihnen her tänzelte. Das Wasser erwies sich fast auf der gesamten Strecke als sehr flach. Nur auf den letzten Metern wurde es knietief.

Während sie neben einem Felsen am Ufer Rast machten, blickten die Vier nach Westen über eine wenig einladende, zehn Kilometer lange, morastige Ebene. Ihr nächstes Ziel war die Versorgungskiste, die sie am ersten Tag ihrer Reise vom Flugzeug aus abgeworfen hatten. Sie mußten dringend ihre Vorräte auffüllen. In den letzten beiden Tagen hatten sie praktisch alle Nahrung und allen Brennstoff aufgebraucht, und sie freuten sich nun auf die Dinge, die sie in ihrer Kiste verstaut hatten. Und so, gleichermaßen an ihre leeren Mägen wie an den bevorstehenden, schwierigen Marsch denkend, nahmen sie die graubraunen, konturlosen Morastflächen in Angriff.

Das Gehen war äußerst mühsam. Der lehmige Morast war bis zu zehn und mehr Zentimetern aufgetaut und dadurch weich und klebrig. Bei jedem Schritt wurde der Matsch wie Zahnpasta zur Seite gedrückt. Und durch seine Haft- und Saugwirkung war es jedesmal ein Kampf, den Fuß wieder herauszuziehen. Anfangs sanken ihre Füße nur bis zum Stiefelrand ein, aber als sie ein paar Kilometer gegangen waren, wurde der Matsch feuchter. Jetzt fanden ihre Füße erst auf dem Permafrost Halt. Der Zugriff des Morastes, der manchmal bis zu den Knöcheln reichte, aber bisweilen auch mehr als knietief war, war so stark, daß es ihnen häufig die Stiefel auszog. Gelegentlich stießen sie auf eine überwachsene Insel, wo der Grund fest war. Dann legten sie eine kurze Pause ein, bevor sie sich wieder in den Matsch stürzten. Auf einer dieser „Inseln“ fanden sie das vollständige Skelett eines Seehundes. Vor dem Hintergrund der Morastflächen wirkte es fast surrealistisch.

Auf halbem Weg konnten die Teammitglieder den leicht erhöhten Uferrücken erkennen, der den Platz markierte, wo sie ihre Kiste abgeworfen hatten. Zwei Stunden später, als sie schließlich die fast unmerkliche Steigung der westlichen Ausdehnung der Sandbank in Angriff nahmen, waren es nur noch wenige Kilometer bis zu ihrem nächsten Camp. Sobald sie festen Boden erreichten, warfen sie ihre Rucksäcke ab und setzten sich, um ihre Beine auszuruhen.

Sie hatten über vier Stunden benötigt, um die Ebene zu durchqueren. Obgleich die ganze Zeit ein kalter Wind von der Erebus Bay herüberwehte, war es sonnig und warm, fast +10° Celsius. Es dauerte nicht lange, und alle lagen auf dem Rücken und genossen die Sonne, dankbar, daß sie nicht auf demselben Weg zurückgehen mußten. Zwanzig Minuten vergingen, in denen kaum ein Wort fiel, bis Carlson sich aufsetzte. Er machte sich an seinem Rucksack zu schaffen. Nachdem sie sich etwas ausgeruht hatten, begannen nun ihre Mägen zu knurren.

Auf ihrem Weg nach Westen gerieten sie bald erneut in tieferes Gelände. Aber diesmal war die Stelle nur einen Kilometer breit und trittfest. In der Nähe sahen sie mehrere Paare von Singschwänen, die dort ihre Nester gebaut hatten. Nach einer Pause, in der sie die großen und majestätischen Vögel beobachteten, setzten die vier Männer ihren Weg fort. Mitten in der Ebene blieb Tungilik plötzlich stehen, zeigte auf den Boden und fragte Kowal: „Was ist das für ein Knochen?" Kowal war verblüfft; auf der Oberfläche lag der rechte Schienbeinknochen eines Menschen. Er rief Beattie und Carlson, die 200 m hinter ihnen waren. Während sie herbeieilten, wollte sich Kowal einen Spaß machen. Schnell bedeckte er den Knochen mit einem Stück Treibholz, das er in der Nähe gefunden hatte. Als Beattie und Carlson schließlich unter dem Gewicht ihrer Rucksäcke herangekeucht kamen, sagte Kowal: „Seht euch das an!" Beattie sah auf das Holzstück herab und schnauzte: „Und deshalb hast du mich so rennen lassen?" Aber als er es mit dem Fuß herumdrehte, ging ein breites Grinsen über sein Gesicht. Jeder Gedanke an die Verpflegungskiste war vergessen, als sie die Fundstelle nach weiteren Überresten absuchten. Man fand noch fünf weitere Knochen sowie zwei verwitterte Stücke von Holzbrettern. Auf dem einen waren noch ein wenig grüne Farbe, eine Messingschraube und völlig verrostete Eisennägel. Da die sechs Knochen von verschiedenen Körperteilen stammten, schien es wahrscheinlich, daß es sich um die Überreste eines einzigen Menschen handelte. Da jedoch der Schädel fehlte, war nicht festzustellen, ob das Skelett von einem Europäer oder Inuit stammte. Beattie meinte jedoch, die Knochen lägen genau an der Stelle, wo M'Clintock seinerzeit das Rettungsboot entdeckt hatte. Daher handele es sich wahrscheinlich um einen Toten der Franklin-Crew. Das Holzbrett stützte diese Vermutung. Die Knochen wurden fotografiert, beschrieben und dann eingesammelt, und der Fundort in die Karte des Teams eingetragen. Begeistert über ihre Entdeckung und mit dem neu erwachten Vertrauen, daß der Fundort des Bootes ihnen neue und wichtige Informationen liefern würde, setzten sie ihren Weg mit mehr Tempo fort. Als sie das leuchtend pinkfarbene Bündel mit ihren Vorräten in der Ferne erkannten, verfielen sie in einen leichten Trab – wenn es ihr Gepäck erlaubt hätte, wären sie wahrscheinlich die letzten paar hundert Meter gerannt. Sie erreichten das Bündel fast gleichzeitig, schnürten ihre Rucksäcke auf, kramten eifrig ihre Messer heraus, und innerhalb von Sekunden war jeder damit beschäftigt, sein Paket aufzuschlitzen. Jeder suchte nach seiner Lieblingsnahrung. Kowal stürzte sich auf die Schachteln mit den schokoladeüberzogenen Makronenriegeln, Tungilik auf die Dosen mit Roastbeef, Beattie auf die Heringskonserven und Carlson auf die Dosen mit

Thunfisch. Schweigend widmete sich jeder dem Essen, während sie auf dem sandigen Uferkamm zwischen hastig aufgerissenen Proviantpackungen saßen, die in der Gegend verstreut herumlagen. Das Ganze wirkte fast komisch. Die Geräusche des Kauens, das Knistern der Plastikumhüllungen und das Auskratzen der Dosen wurden von Kowal unterbrochen: „Ist sowas zu glauben?" fragte er, während er von seiner fast leeren Schachtel aufsah, eine Schokoladenmakrone in der rechten Hand, „und wir haben nicht einmal richtig gehungert. Diese armen Kerle müssen furchtbar gelitten haben."

Am 12. Juli begannen die Forscher mit der Arbeit von ihrem neu errichteten Basislager aus. An der Stelle, wo sie etwa einen Kilometer entfernt die sechs Knochen entdeckt hatten, fanden sie nichts weiter. Dagegen stießen sie drei Kilometer weiter westlich auf eine 30 × 40 m große Fläche, die mit vielen kleinen Holzstücken übersät war. Als sie den Platz näher in Augenschein nahmen, fanden sie auch größere Stücke. Schwatkas Beschreibung der Uferlinie und der kleinen Inseln, die sich ein paar hundert Meter in die Erebus Bay hinaus erstreckten, ließen keinen Zweifel, daß sie den „Bootplatz" erreicht hatten, wo M'Clintock und Hobson 1859 das große Rettungsboot mit den Überresten der Franklin-Expedition entdeckt hatten. Schwatka war 1879 dort gewesen. Aber das Bild, das ihn, M'Clintock und die anderen viele Jahre zuvor mit ehrfürchtiger Scheu erfüllt hatte, war verschwunden: Die Skelette, die einst an ihrem letzten Ruheplatz Wache gehalten hatten, waren nirgends mehr zu sehen. Der Platz wurde sorgfältig abgesucht, und langsam kamen dabei aus dem Kies Stückchen und Teile zum Vor-

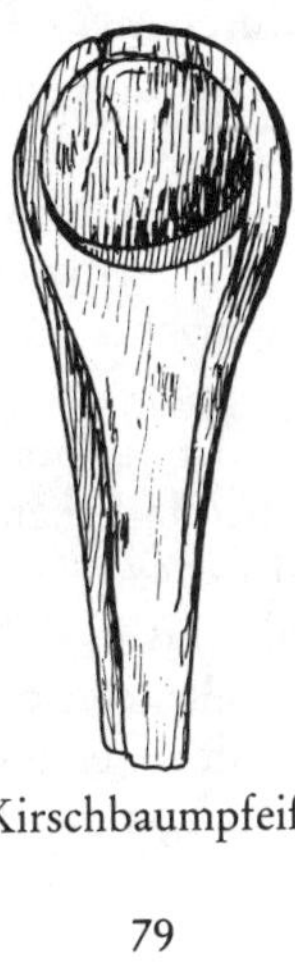

Kirschbaumpfeife

schein, die die Forscher bewegten und ihnen anschaulich vor Augen führten, welch hohen Tribut an Menschenleben das Ödland von King William Island einst gefordert hatte.

In der unmittelbaren Nachbarschaft entdeckten sie schließlich zahlreiche Gegenstände, darunter eine Faßdaube, den Griff eines hölzernen Paddels, Teile von Stiefeln und eine Pfeife aus Kirschbaumholz, ähnlich denen, die auch M'Clintock an dieser Stelle gefunden hatte.

Am wichtigsten war jedoch die Entdeckung menschlicher Skelettreste. Nördlich vom „Bootplatz" fanden sie entlang der Küste, auf einer Länge von einem Kilometer verstreut Schulter- (scapula) und Beinknochen (femur und tibia). M'Clintock hatte gemeint, da das Rettungsboot, als man es fand, genau auf den nächstgelegenen nördlichen Punkt an Land gezeigt hatte, habe man offensichtlich versucht, es zu den verlassenen Schiffen zurückzuziehen, möglicherweise, um weitere Vorräte zu holen. Die Funde von 1982 schienen diese These zu stützen: Die menschlichen Knochenreste wurden verstreut vom „Bootplatz" weg in Richtung der Schiffe gefunden – als hätten jene, die das Rettungsboot gezogen hatten, nicht weiter gekonnt, es im Stich gelassen und wären kurz danach gestorben, während sie noch versucht hatten, sich zu den Schiffen zurückzuschleppen. Mehrere Knochen wiesen Narben auf, wie sie durch Skorbut hervorgerufen werden, ähnlich jenen, die man ein Jahr zuvor an den Überresten in der Nähe des Booth Point festgestellt hatte. Einige waren angenagt, was dafür sprach, daß Tiere die Knochen einiger in der Nähe des Bootes Verstorbener hierher verschleppt hatten. Beattie schloß aber auch die Möglichkeit einer nachträglichen Verlagerung durch Menschen nicht aus.

Das Team arbeitete ausdauernd und intensiv. Jeder der vier Männer durchkämmte den Boden nach irgendwelchen Relikten oder menschlichen Knochen. Bald wurde es dämmrig, aber in diesen hohen Breitengraden geht die Dämmerung im Sommer nicht in Dunkelheit über. Unter der Mitternachtssonne machte Tungilik den wichtigsten Fund der gesamten Reise.

Während er systematisch den „Bootplatz" absuchte, bemerkte Tungilik einen kleinen, elfenbeinfarbenen Gegenstand, der ein wenig aus einem überwachsenen Fleck herausragte. Als er ihn mit dem Finger antippte, entpuppte er sich als menschlicher Talus (Sprungbein). Carlson kratzte mit seiner Kelle vorsichtig die zarte, dunkelgraue Pflanzendecke weg und legte dabei eine Reihe Knochen frei, die sogleich als ein praktisch vollständiger menschlicher Fuß erkennbar waren. Nachdem Carlson behutsam sämtliche Knochen freigelegt hatte, was bis in die frühen Morgenstunden des 13. Juli dauerte, entdeckte er, daß die meisten der 13 Knochen des linken Fußes noch zusammenhingen bzw. an ihrem ursprünglichen Platz lagen. Das bedeutete, daß sie seit 1848 unberührt dort gelegen haben mußten. Die Skelettreste reichten von einem Calcaneus (Fersenbein) von 8 cm Länge bis zu einem kleinen Sesamknöchelchen von nicht mehr als 3 mm Durchmesser. Daneben fand Carlson Teile eines rechten Fußes, der von derselben Person stammte.

Insgesamt fand man in der Umgebung des „Bootplatzes" die Überreste von 6 bis 14 Menschen. Um die Mindestzahl an Skeletten anhand der Knochenfunde zu bestimmen, sortierte Beattie zunächst aus, was mehrfach vorhanden war. Danach untersuchte er ihre Anatomie, wie Größe und Ansatzpunkte der Muskulatur, und verglich Knochen der linken und rechten Körperhälften miteinander, um herauszubekommen, ob sie von demselben oder von verschiedenen Menschen stammten.

Beattie war sich sicher, daß Schwatka diese Knochen übersehen haben mußte. Aus seinem Tagebuch geht klar hervor, daß Schwatka bei der Sammlung der Knochen sehr sorgfältig gearbeitet hatte. Er hatte die Schädel und die langen Arm- und Beinknochen von wenigstens vier Menschen gefunden und sie an dieser Stelle beerdigt. Aber wiederum konnten Beattie und seine Mitarbeiter auch dieses Grab nicht ausmachen. Unter den Knochen, die die Wissenschaftler 1982 hier fanden, waren keinerlei Schädelknochen.

Merkwürdigerweise war die ergreifendste Entdeckung auf dem „Bootplatz" kein Knochen, sondern ein Gegenstand, den Kowal fand. Während er am 13. Juli den Uferrücken weiter landeinwärts absuchte, bemerkte er inmitten einer Ansammlung von Lemming-Höhlen etwas Dunkelbraunes, das sich bei näherem Hinsehen als die vollständig erhaltene Sohle eines Stiefels entpuppte. Das war an sich schon ein interessanter Fund, aber er sah bald, daß da noch etwas war. Als er die Sohle aufhob, bemerkte er, daß drei große Schrauben von innen durch sie hindurchgetrieben und ihre Enden unter der Sohle abgeschnitten worden waren. Kowal trug den Gegenstand zum Camp, wo die anderen, die dabei waren, die Sammlung zu katalogisieren, seinen Fund begutachteten. Es war klar, daß die Schrauben als behelfsmäßige Spikes dienten, die ihrem Benutzer festeren Halt in Eis und Schnee geben sollten – eine absolute Voraussetzung, wenn man einen Schlitten über das Eis ziehen will.

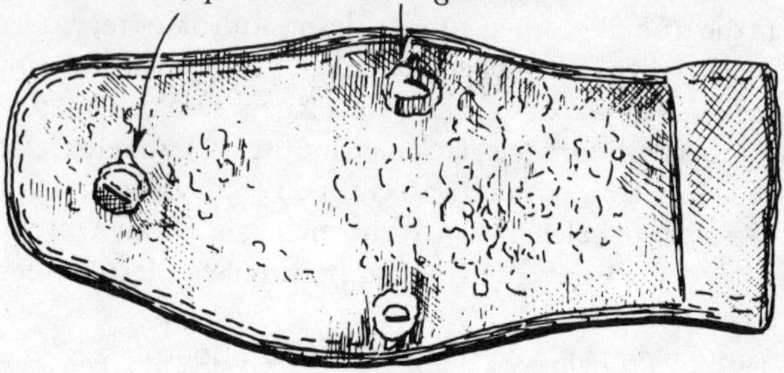

Dieser Gegenstand führte den vier Forschern – deutlicher noch als die ausgeblichenen Knochen der Seeleute – vor Augen, welche Mühsal, Qualen und Verzweiflung Franklins Männer an diesem letzten Ort des Zusammenbruchs hatten ertragen müssen. Das Stück Stiefelsohle symbolisierte den letzten Marsch der Mannschaften der *Erebus* und *Terror*.

Als er allein in den frühen Morgenstunden des 14. Juli dort saß, während ein frischer Wind von der Victoria Strait herüberwehte, hatte Beattie das Gefühl, daß Franklins Leute noch immer über diesen Platz wachten. Es schien, als könnten die Toten sich noch einmal erheben, um sich mit einer letzten verzweifelten Anstrengung am Back River in Sicherheit zu bringen.

Später verlegten Beattie, Carlson, Kowal und Tungilik ihre Suche fünf Kilometer weiter zum nahegelegenen Little Point. Westlich davon stießen sie dann auf einen langen, mit mürbem Eis angefüllten Meeresarm, der jede weitere Forschung für diesen Sommer unmöglich machte. Sie packten daher ihre wertvolle Fracht an Knochen und Gegenständen zusammen und machten sich bereit, die Insel zu verlassen. Nachdem die Erforschung von King William Island damit zunächst abgeschlossen war, stellte sich Beattie die Frage, welche neuen Erkenntnisse er aus seiner kleinen Sammlung von Knochen über die Franklin-Katastrophe gewinnen würde.

7
EINE TÜR ÖFFNET SICH

Zu Beginn des Jahres 1982 waren die Knochenproben der vier Skelette, die man 1981 auf King William Island entdeckt hatte – drei Inuit (zwei Männer und eine Frau) und das Skelett des Franklin-Seemanns vom Booth Point – zur Spurenelemente-Analyse an das Alberta Soil and Feed Testing Laboratory gesandt worden. Mit Hilfe dieser Analyse, der sogenannten ICP-Atomemissionsspektroskopie, läßt sich der prozentuale Anteil einer Anzahl verschiedener Spurenelemente feststellen, die in den Knochen enthalten sind. Beattie suchte nach eventuellen Hinweisen auf den Gesundheits- und Ernährungszustand der Toten. Damals glaubte er noch, daß Skorbut und Hunger die wahrscheinlichen Gründe für das Franklin-Desaster waren, und so wurden die 1981 gesammelten Knochenfunde an das Labor ohne irgendeinen Hinweis übersandt, auf ein bestimmtes Element besonders zu achten.

Als Beattie 1982 von seinen Feldforschungen zurückkehrte, warteten die Ergebnisse der Spurenelemente-Analyse bereits auf ihn. Was ihm sofort auffiel, war die Höhe des Bleianteils, den man in den Knochen des Franklin-Seemannes gefunden hatte. Der Unterschied zu der Bleimenge, die man in den Skeletten der Inuit entdeckt hatte, war erstaunlich. Bei den drei Inuitskeletten lag der Bleianteil zwischen 22 und 36 Teilen pro Million. Diese Zahlen lagen im Rahmen dessen, was man bei anderen menschlichen Skeletten festgestellt hatte, die aus Kulturkreisen kamen, die mit keiner höheren Bleimenge in Berührung gekommen waren als der, die ohnehin in ihrem Umfeld vorhanden war. Im Gegensatz dazu enthielt der Hinterhauptknochen des Franklin-Seemannes einen Bleianteil von 228 Teilen pro Million.

Wenn sich dieser enorm hohe Bleigehalt während der Expedition in seinem Körper angesammelt hatte, so mußte dies zu einer Bleivergiftung geführt haben. Die Folgen einer Bleivergiftung beim Menschen sind gut bekannt. Sie umfassen eine Reihe physikalischer und neurologischer Auffälligkeiten, die einzeln oder kombiniert auftreten können, wobei die Konstitution des einzelnen und die aufgenommene Menge eine wichtige Rolle spielen. Magersucht, Abgeschlagenheit und Müdigkeit, Reizbarkeit, Stumpfsinn, Paranoia, Leibschmerzen und Anämie sind nur einige der möglichen Folgen.

Die unerwartete Entdeckung des erhöhten Bleigehaltes in den Knochen ließ Beattie nach einer Erklärung suchen. Ein Verdachtsmoment verband sich mit der relativ neuen Technik der Nahrungsmittelkonservierung in Weißblechdosen, die auch die Franklin-Expedition genutzt hatte. Annähernd 8000 bleiverlötete Dosen mit 15.100 kg eingekochtem Fleisch waren der Expedition geliefert worden, daneben 11.628 l Suppe, 546 kg in Dosen verpacktes Dörrfleisch und 4.037 kg eingekochtes Gemüse. Die Nähte und Verschlüsse mancher Weißblechdosen gelten – selbst heute noch – als typische Quelle für Bleivergiftungen. Damals konnte dies durchaus ein Problem gewesen sein. Hinzu kam, daß britische Polarexpeditionen im 19. Jahrhundert bleiglasierte Töpfe und Geschirr benutzten. Das Aufbewahren und Servieren von säurehaltigen Nahrungsmitteln und Getränken (die die Bleisalze lösen können) wie Zitronensaft, Wein, Essig oder Pickles in solchen Gefäßen konnten eine der Hauptursachen für eine Bleiaufnahme während der Expedition gewesen sein. Weitere Quellen waren möglicherweise Tee, Schokolade und Nahrungsmittel, die in Dosen mit Bleifolie verpackt waren. Selbst Lebensmittelfarbe, Tabakprodukte, Zinngeschirr und sogar Kerzen mit verbleiten Dochten konnten zu einer Vergiftung beigetragen haben.

Beattie glaubte, daß die Auswirkungen der Bleivergiftung und die schweren Folgen von Skorbut in den ersten Monaten des Jahres 1848 für viele Expeditionsteilnehmer bereits zu einer tödlichen Kombination geworden waren. Ein sich allgemein rapide verschlechternder Gesundheitszustand konnte sehr gut der Grund für Croziers und Fitzjames' Entscheidung gewesen sein, die Schiffe zu verlassen. Wie sich aus der von Hobson auf King William Island entdeckten Notiz ergibt, waren bis zum 25. April 1848 bereits 9 Offiziere und 15 Mann gestorben.

Beattie war sich darüber im klaren, daß seine radikal neue These unter den Historikern heftige Debatten auslösen würde, die sich bis zu diesem Zeitpunkt bei ihren wissenschaftlichen Arbeiten auf die Theorien der Forscher des 19. Jahrhunderts und spätere parlamentarische Untersuchungen in England gestützt hatten. Während diese Quellen

Karen Digby und Jim Savelle benutzen (1981) das Kanu der Forschungsgruppe als Schlitten. Douglas Bay, King William Island.

Douglas Bay um 2 Uhr morgens.

Auf der Suche nach einem Landeplatz wirft die Twin Otter ihren Schatten auf die Nordwestküste von King William Island.

Die Kiesrücken von Crozier's Landing, wo sich Franklins Leute am 25. April 1848 versammelten. Dort fand M'Clintock 1859 einige Kleidungsstücke und Gebrauchsgegenstände.

Arne Carlson bei der Wasserzubereitung für den Tee im Lager bei Crozier's Landing.

Die Mitternachtssonne nahe Victory Point. Sie bescheint die Victoria Strait, wo Franklins Schiffe im Eis eingeschlossen lagen.

Der Transport der Ausrüstung über das Eis der Victoria Strait (links) und Collinson Inlet (rechts).

Dazu wurde ein Schlitten benutzt, aus Holz und Nägeln des 20. Jahrhunderts gebaut, die man auf Crozier's Landing gefunden hatte.

Der morastige Uferstreifen der Erebus Bay, King William Island.

Arne Carlson beim Ausgraben des Fußes eines Skeletts auf dem „Bootplatz“ auf Cape Crozier, wo Leutnant Hobson 1859 ein Rettungsboot der Franklin-Expedition mit zwei menschlichen Skeletten fand.

Der Blick auf Beechey Island von Devon Island aus. Auf der rechten Seite der Landzunge liegt die Union Bay, links die Erebus Bay.

Das Skelett eines Seehundes.

Friedhof auf Beechey Island. Die Gräber von rechts nach links: Thomas Morgan von der *Investigator* (gest. 1853), William Braine RM (gest. 3. 4. 1846), John Hartnell (gest. 4. 1. 1846), John Torrington (gest. 1. 1. 1846).

Die eiserne Schmuckplatte von John Torringtons Sarg. Die Inschrift lautet: John Torrington, gestorben am 1. Januar 1846 im Alter von 20 Jahren.

Das Grab des 20jährigen John Torrington nach der Abtragung des Grabhügels. Man erkennt eine Reihe kleiner Kalksteinplatten, mit denen man das Grab gleichsam eingezäunt hatte.

John Torringtons Sarg. Der Pfeil zeigt die Nordrichtung an.

Die erste Aufnahme von John Torrington, wenige Augenblicke, nachdem man das Wolltuch zurückgeschlagen hatte, in das der Sarg gehüllt war.

John Torrington. Die dunklen Stellen an Stirn und Nase stammen von dem blauen Wollstoff, in den man den Sarg gehüllt hatte, bevor der Deckel aufgelegt wurde.

Sein Körper war mit Baumwollbändern umwickelt, die Arme und Beine während der Vorbereitung der Beisetzung zusammenhalten sollten.

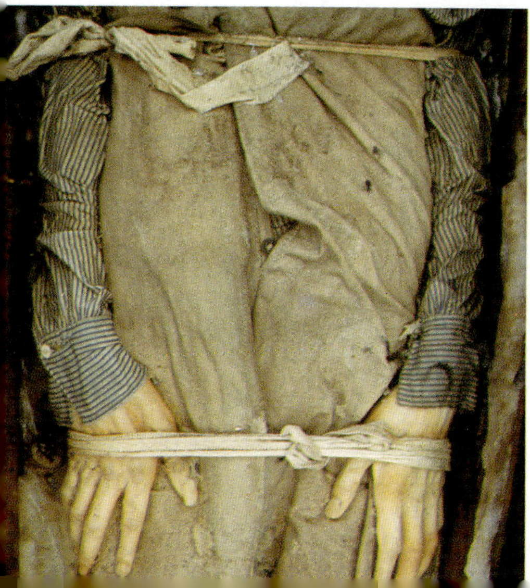

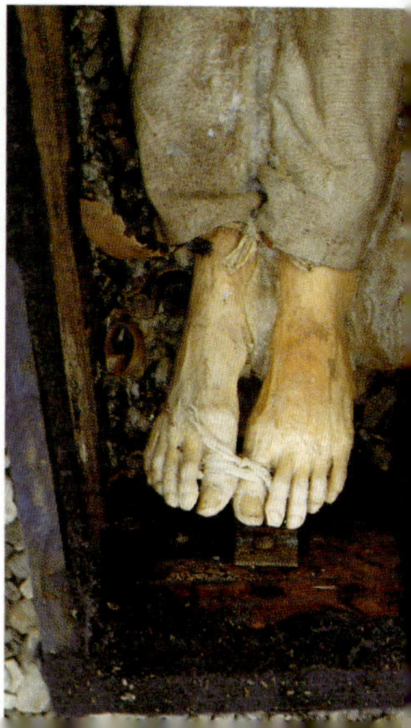

Die 150 m hohen Kliffs unmittelbar hinter Franklins Wintercamp auf Beechey Island.

Die Aussicht oben vom Kliff. In der Bildmitte die Zelte des Forschungsteams (1984). Die schmale Landzunge im oberen Teil des Bildes verbindet die Insel mit Devon Island.

John Hartnells Sarg. Er wurde 1852 beschädigt, als Commander Inglefield und Dr. Sutherland den Toten exhumierten.

Das Grab des 25jährigen John Hartnell.

Die erste Aufnahme von John Hartnell.

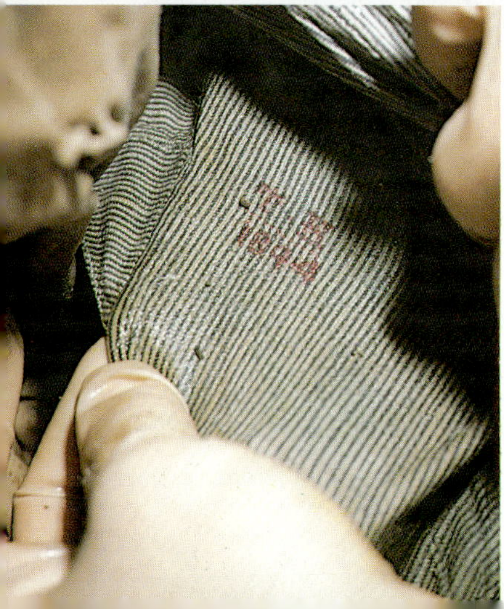

John Hartnell. Er war in ein Leichentuch gehüllt und trug eine Kappe, unter der sich sein volles dunkelbraunes Haar verbarg. In sein Hemd waren die Jahreszahl ‚1844' und die Initialien ‚TH' eingestickt, was darauf hindeutet, daß das Hemd seinem Bruder Thomas gehörte.

Owen Beattie in den Ruinen des Northumberland House, dem Vorratsdepot, das die Besatzung der *North Star* errichtete. Das Schiff gehörte zu der von Belcher kommandierten Suchflotte.

Eric Damkjar betrachtet das Denkmal, das Sir Edward Belcher zur Erinnerung an all jene errichten ließ, die bei dem Versuch, das Schicksal der Franklin-Expedition aufzuklären, den Tod fanden.

Cape Riley, wo die ersten Spuren der Franklin-Expedition gefunden wurden.

Ein Bär besucht das Camp des Forschungsteams.

Das von der Mitternachtssonne beschienene Lager.

Kowal beim Baden.

Der Beginn der Exhumierung von William Braine. Von links nach rechts: Walt Kowal, Arne Carlson, Jim Savelle und Joelee Nungaq.

Larry Anderson im Autopsie- und Röntgenzelt. Er stützt sich auf das tragbare Röntgengerät. Daneben seine ebenfalls tragbare Dunkelkammer.

Der in ein Leichentuch gehüllte Körper William Braines. Sein Gesicht bedeckt ein rotes Halstuch.

Das Tuch ist entfernt worden.

William Braine.

Die Kupferplatte, die auf William Braines Sarg genagelt war. Ihre Inschrift lautet: W. Braine R. M. 8 Co. W. D. Gestorben am 3. April 1846 im Alter von 33 Jahren.

für die Rekonstruktion der Ereignisse von unschätzbarem Wert sind, hatten alle Bücher, die über die untergegangene Expedition geschrieben worden waren, noch nicht den Erkenntnissen Rechnung tragen können, die Beattie bereits aus den spärlichen Knochenfunden auf King William Island gewonnen hatte.

Seine Theorie krankte jedoch daran, daß sie sich allein anhand der Skelettreste nicht beweisen ließ. Obgleich die Bleiwerte in ihnen unbestreitbar hoch waren, reflektieren Knochen nie die jüngste Entwicklung, sondern eine lebenslange Belastung. Das Blei, das Mitte des 19. Jahrhunderts überall im frühindustriellen England in der Umwelt vorhanden war, konnte daher möglicherweise in weit höherem Maß für den hohen Bleiwert in den Knochen verantwortlich sein als eine relativ kurzfristige Aufnahme während der Expedition. Eine schleichende Bleivergiftung über etwa 25 Jahre im Leben des unbekannten Franklin-Seemanns hätte bereits zu körperlichen und neurologischen Veränderungen führen können. Nur wären die Symptome sehr viel weniger ausgeprägt gewesen als die einer klassischen Bleivergiftung und hätten allenfalls zu leichten Verhaltensstörungen geführt. Um zu beweisen oder zu widerlegen, daß das Blei für die Expedition ein ernstes gesundheitliches Problem dargestellt hatte, war daher eine Analyse von konserviertem Zellgewebe erforderlich, die die aufgenommene Bleimenge nach Auslaufen der Expedition im Mai 1845 exakt aufzeigen würde.

Die unerwartete Entdeckung des hohen Bleigehaltes bewirkte, daß sich Beattie gedanklich von den eben erst beendeten 1982er Forschungen auf King William Island entfernte. Die dortigen bruchstückhaften und unvollständigen Funde waren zwar interessant, aber auch ein wenig enttäuschend gewesen. Sie würden zwar die bisherigen Bleifunde stützen und weitere Beweise für das Vorhandensein von Skorbut unter den Mannschaftsmitgliedern liefern, aber selbst die physikalische Anthropologie konnte ihnen wenig mehr entnehmen. Beattie begann, sich anderweitig umzusehen. Seine Gedanken konzentrierten sich auf den einzigen bekannten Ort, an dem verstorbene Expeditionsteilnehmer von ihren Schiffskameraden in der gefrorenen Erde beigesetzt worden waren. Dieser Ort lag auf Beechey Island, einer kleinen Insel vor der Südwestküste von Devon Island.

Drei Seeleute: Maat John Torrington, Vollmatrose John Hartnell und der Seemann William Braine von den Royal Marines, waren im ersten Winter der Franklin-Expedition gestorben und im Permafrost beerdigt worden. Beattie fragte sich, was es für die Forschung bedeuten würde, wenn diese Körper – im Eis eingefroren – bis heute erhalten geblieben wären. Würden sie Aufschluß darüber geben können, ob seine Theorie richtig oder falsch war?

Mumifizierte Leichen haben Forschern und Historikern ungezählte Erkenntnisse über das Leben in Zeiten vermittelt, die sich sehr von der unseren unterscheiden. Sie sind eine Art „Zeitkonserve" der Geschichte und Entwicklung des Menschen. Die mumifizierten Pharaonen des alten Ägypten haben viel zu unserem Wissen über jene ferne Zeit beigetragen, ebenso wie die Moorleichen Nordeuropas das Leben der Eiszeitmenschen in ein neues Licht gerückt haben. Auch in gefrorenem Zustand sind Körper über einen langen Zeitraum erhalten geblieben. So z. B. Charles Francis Hall, der 1871 starb, und dessen vollständig erhaltene Leiche 1968 im ewigen Eis Grönlands freigelegt wurde. Prähistorische Leichen von Inuit sind – im Eis beigesetzt – in der Nähe von Barrow, Alaska, und auf Grönland gefunden worden. Und im Altai-Gebirge, im südlichen Zentralsibirien, fand man in 2200 Jahre alten Skythen-Gräbern gefrorene und vollständig erhaltene menschliche Körper. Die kalten arktischen Temperaturen auf Beechey Island boten zumindest die Chance einer ähnlichen Konservierung. Zu Beginn des Jahres 1983 unterbreitete Beattie den kanadischen Behörden zum ersten Mal offiziell den Vorschlag, die drei Gräber zu exhumieren.

1981 und 1982 hatte er zur Durchführung seines Forschungsprojektes auf King William Island lediglich die Grabungserlaubnis des Prince of Wales Northern Heritage Centre of the Northwest Territories und eine weitere Genehmigung des Science Advisory Board of the Northwest Territories benötigt. Der Plan, die Toten auf Beechey Island auszugraben, machte die Sache jedoch sehr viel komplizierter, denn hier handelte es sich um einen Friedhof, und die Identität der drei Seeleute der Franklin-Expedition war bekannt. Beattie mußte sichergehen, daß alle Behörden in Kenntnis gesetzt und das geplante Vorhaben von ihnen genehmigt wurde.

Ausgrabungs- wie wissenschaftliche Genehmigungen wurden ihm vom Territorial Government erteilt, das seinerseits Beattie aufforderte, die britische Admiralität zu verständigen, die heute zum Verteidigungsministerium gehört. Darüber hinaus sollte er versuchen, Kontakt mit noch lebenden Nachkommen der drei Seeleute aufzunehmen. Das wissenschaftliche Team beantragte und erhielt schließlich „grünes Licht“ vom Chief Medical Officer of the Northwest Territories, der darüber zu befinden hatte, ob die Exhumierung von Leichen aus der Mitte des 19. Jahrhunderts ein mögliches Gesundheitsrisiko für die Forscher bereithalten könnte. Exhumierungs- und Wiederbeerdigungserlaubnis, ausgestellt vom Department of Vital Statistics of the Northwest Territories, wurden ebenfalls noch benötigt.

Auch eine Genehmigung der Royal Canadian Mounted Police war erforderlich. Mit ihrer Hilfe unterrichtete Beattie die britische Admiralität von den geplanten Ausgrabungen.

Der Settlement Council of the Resolute Bay community gab die Erlaubnis, die Arbeiten an einem Platz durchzuführen, der seiner örtlichen Jurisdiktion unterlag.

Schließlich setzte Beattie eine Anzeige in die *Times*, in der er möglicherweise noch lebende Nachfahren jener drei toten Männer bat, sich umgehend mit ihm in Verbindung zu setzen. Er erhielt keine Antwort.

Wegen der Besonderheiten der Forschungsarbeiten auf Beechey Island und da man nicht wußte, was man in den Gräbern finden würde, erweiterte Beattie sein Forschungsteam um einen Archäologen und einen Pathologen. Im August 1984 verließen die Wissenschaftler der University of Alberta schließlich Edmonton in Richtung Resolute auf ihrem Weg nach Beechey Island. Alle teilten dieselbe Hoffnung: Daß die entsetzliche Kälte, die einst dazu beigetragen hatte, die Franklin-Expedition aufzureiben, jetzt helfen würde, die Geheimnisse um ihren Untergang zu enträtseln.

TEIL II
DIE MÄNNER IM EIS

And here and there a churchyard grave is found
In the cold North's unhallowed ground

8
ÜBER DEM ABGRUND

Ohne Zweifel waren die ersten Monate der Expedition für Sir John Franklin äußerst erfolgreich verlaufen. *Erebus* und *Terror* hatten sich 1845 durch das Eis der Baffin Bay geschlängelt und sehr schnell den Lancaster Sound durchsegelt, das östliche Tor zur Nordwestpassage. Da eine Eisbarriere in der Barrow Strait die Weiterfahrt nach Westen versperrte, wandte Franklin sich mit seinen Schiffen statt dessen nach Norden, segelte etwa 240 km den noch unerforschten Wellington Channel hinauf und überquerte dabei den 77.° NB. Hier zwang sie wahrscheinlich eine zweite Eisbarriere umzudrehen und diesmal entlang der West- und Südküste von Cornwallis Island zu ihrem Ausgangspunkt und späteren ,Winterhafen' Beechey Island zurückzukehren. Damit hatten sie Cornwallis Island umrundet und als Insel identifiziert.

Zweifellos richteten sie sich mit einem gewissen Optimismus in ihrem Winterlager ein. Sie hatten zwar die Passage noch nicht gefunden, aber der nächste Sommer versprach, den Erfolg zu bringen.

Doch zunächst mußten Franklin und seine 128 Männer – von denen die meisten keine Polarerfahrung besaßen – mit der ewigen Dunkelheit des harten arktischen Winters und den zeitweilig bis unter −40° Celsius absinkenden Temperaturen fertig werden. Sie würden völlig von der Außenwelt abgeschnitten sein, und es bestand keinerlei Hoffnung auf Unterstützung, falls irgend etwas schiefgehen sollte. Dann starben John Torrington, John Hartnell und William Braine.

Spekulationen über die Gründe, die zum Tod jener drei Männer geführt hatten, beschäftigten Owen Beattie, als er und seine Mitarbeiter, der Pathologe Dr. Roger Amy, sein wissenschaftlicher Assistent Walt Kowal sowie Joelee Nungaq und Geraldine Ruszala am 10. August 1984 mit ihrer Twin Otter von Resolute aufstiegen, um in östlicher

Richtung über das rauhe Wasser des Wellington Channel hinweg nach Beechey Island zu fliegen.

Als sich das Flugzeug den fernen Kliffs von Beechey Island und dem daneben liegenden Devon Island näherte, konnte man sich noch kein rechtes Bild machen. Aber als das Flugzeug die nördliche Spitze von Beechey Island umflog und zur Landung auf dem überschwemmten Gebiet von Franklins Wintercamp ansetzte, staunte Beattie doch, wie bedeutungslos dieser Platz neben dem massiven Devon Island wirkte.

Beattie hatte diesen historischen Ort nie vorher besucht und war von seiner Schutzlosigkeit betroffen, als er nun aus dem Fenster sah, während das Flugzeug in etwa 30 m Höhe über die Gräber hinwegflog. Auf dem nach Osten abfallenden Teil der Insel waren die Kopfbretter der Gräber John Torringtons, John Hartnells und William Braines die einzigen Orientierungspunkte, eingerahmt von hoch aufragenden, senkrechten Kliffs im Westen und dem Strand von Erebus Bay im Osten.

Neben den Gräbern gab es einen Landeplatz, wo parallel verlaufende Radspuren im Geröll anzeigten, daß schon andere Flugzeuge hier gelandet waren; manche vielleicht erst kurz vor ihnen, andere viele Jahre früher. Im Anflug auf die Gräber prüfte der Pilot den behelfsmäßigen Landeplatz und die Windrichtung. Dann zog er die Twin Otter hoch, flog auf die Erebus-Bucht hinaus, drehte scharf in Richtung der Kliffs ab und brachte aus der Kurve herauskommend seine Maschine in eine direkte Linie mit der Landepiste. Nur etwa ein bis zwei Meter über dem Boden dahingleitend, setzte das Flugzeug mit voll ausgefahrenen Bremsklappen zu einer kurzen Feldlandung an. Als der linke Flügel sich genau in Höhe der Gräber befand, setzten die hinteren Räder im Geröll auf. Sofort brachte der Pilot auch das vordere Rad auf den Boden, betätigte die Bremsen und ließ die Propeller rückwärts laufen. Nach 60 m stand das Flugzeug.

Nachdem sie eine halbe Stunde lang riesige Gepäckmengen ausgeladen hatten, trat das Team zurück und sah zu, wie das Flugzeug wieder startete und über die Union Bay davonflog. Ein paar Minuten trödelte die Mannschaft auf dem Platz herum. Fast alle waren betroffen von dem Gefühl absoluter Isolation. Abgesehen von der Antarktis und vielleicht einer Handvoll anderer Plätze gibt es auf der ganzen Welt keinen Ort, wo sich der Mensch einer derartigen Einsamkeit ausgesetzt sieht wie in der kanadischen Arktis. Es ist dies eine Erfahrung, die vielleicht derjenigen der Astronauten im Weltall am nächsten kommt. Selbst die Anwesenheit von ein paar Arbeitskameraden kann diese Leere und Verlassenheit des Nordens nicht kompensieren.

Ihre erste Aufgabe bestand darin, sich hier vorübergehend häuslich einzurichten, wie es Franklins Leute viele Jahre zuvor getan hatten. Zunächst wurden die beiden großen Gemeinschaftszelte errichtet und, sobald dies erledigt war, die fünf Schlafzelte aufgebaut.

Die beiden großen Zelte waren sogenannte Langhauszelte. Mit ihren Ausmaßen von 3,7 × 5,5 Metern sorgten sie für den sehr notwendigen Aufenthaltsraum der Mannschaft, deren Schlafzelte nur so groß waren, daß Schlafsack und Rucksack darin Platz fanden. Die Langhauszelte hatten ein starkes Gerüst aus Aluminiumrohr und eine Außenhaut aus Zeltleinwand. Eine zweite Zeltleinwand wurde von innen befestigt. Gemeinsam boten die beiden Hüllen einen hervorragenden Schutz gegen Wind, Regen und Schnee. Ein schwerer Leinwandteppich bedeckte das scharfe Geröll. Der Eingang am Ende des Zeltes bestand aus einem Doppelvorhang, der fest geschlossen werden konnte. Als alle Zelte standen, wurden noch der Radiosender und die Wetterstation zusammengebaut und aufgestellt.

Den ersten Tag auf Beechey Island verbrachte Beattie damit, den winzigen Friedhof der Franklin-Expedition zu studieren, wo er einige Antworten auf seine Fragen zu finden hoffte. Die drei Gräber lagen nebeneinander, etwa 8 m über dem Meeresspiegel. Er wollte mit der Exhumierung von John Torrington beginnen, der wahrscheinlich der erste gewesen war, der während der Expedition starb. Rechts neben Torrington lagen John Hartnell und William Braine.

Torrington hatte nur ein einfaches Kopfbrett; auf Hartnells und Braines dagegen waren Texte aus der Bibel eingeschnitten. Hartnells Kopfbrett enthielt die Inschrift: „So spricht der Herr Zebaoth: Schauet, wie es euch geht!“ Haggai, I,7. Auf Braines Grab stand: „Erwählet euch heute, wem ihr dienen wollt.“ Joshua, XXIV, 15. Diese ungewöhnlichen Inschriften ließen einige Forscher und Historiker glauben, ein Verbrechen oder Unfall habe den ersten Winter der Expedition überschattet. Zu den Aufgaben eines forensischen Anthropologen gehört es, herauszufinden, ob der Tod eines Menschen durch ein Verbrechen verursacht oder mitverursacht worden ist. Beattie fragte sich, was er wohl finden würde.

Zwei Tage nach Ankunft der ersten Mitglieder des wissenschaftlichen Teams flog eine zweite Twin Otter ein und brachte den Archäologen Eric Damkjar und den Forschungsassistenten Arne Carlson.

Damkjar brachte für Nungaq schlechte Nachrichten von zu Hause, und der junge Assistent flog sofort mit demselben Flugzeug zurück.

Torringtons Grab wurde sorgfältig abgesteckt, in eine Karte eingetragen, skizziert und photographiert, so daß man den ursprünglichen Zustand wiederherstellen konnte, sobald die Exhumierung abgeschlossen war. Jeder Stein, der das Grab bedeckte, von der niedrigen Steinmauer (5–10 cm hoch) aus Kalksteinplatten, die es einrahmten, bis zu den Steinen, die das Grab selbst abdeckten, wurde mit wasserlöslicher Farbe numeriert, um den Wissenschaftlern die Rekonstruktion zu erleichtern.

Bei ihrer Arbeit nahm sie immer wieder die Ewigkeit dieses erstarrten und anscheinend uralten Landes gefangen. Außer den einsamen Gräbern, ein paar Relikten der Franklin-Expedition und ihren eigenen Zelten bot der Platz nichts Menschliches. Die schroffe, kantige Küstenlinie von Devon Island mit ihren Felsklippen von 200 und mehr Metern Höhe ragt östlich von Beechey Island in den Lancaster Sound und die Barrow Strait hinein. Wenn das Land mit Schnee bedeckt ist, zeigt die geologische Formation der Kliffs horizontale weiße und graue Streifen, die wie ein Altersdiagramm aussehen. Beechey Island selbst ist ein sehr kleines Anhängsel an der Südwestecke von Devon Island, mit der es durch einen schmalen, an manchen Stellen kaum 4 m breiten Schotterstreifen und das vom Wind aufgetürmte Eis verbunden ist.

Der erste Europäer kam an einem kalten Augusttag des Jahres 1819 nach Beechey Island. Kapitän William Edward Parry beschrieb kurz seine Landung auf Devon Island:

> Die erste Gruppe landete am Fuß einer schroffen Insel, die den östlichen Punkt dieser Bay markiert und die ich nach meinem Freund Mr. Richard Riley von der Admiralität benannt habe.

Auf dieser Landzunge, dem Cape Riley, sollte ein Suchtrupp 31 Jahre später auf die ersten Spuren der Franklin-Expedition stoßen. Anschließend blickte Parry nach Westen über jene Bay, die heute den Namen von Franklins Schiff *Erebus* trägt und später zu einem der wichtigsten und bekanntesten Plätze der Polarforschung werden sollte:

> [...] seitlich der Bay, gegenüber Cape Riley, war eine Insel, der ich ... den Namen Beechey Island gab, aus Verehrung für Sir William Beechey.

Parry hat die kleine Insel, der er den Namen gab, nicht betreten.

Der Nordosten von Beechey Island steigt zunächst vom Strand der Erebus Bay her über eine Reihe flacher Schotterstrände sanft an, die sich ideal für den Bau kleinerer Gebäude oder die Anlage eines Friedhofs eignen. Weiter landeinwärts von dem von Franklin und seinen Mannschaften benutzten Gebiet steigt das Gelände steiler an und endet schließlich in hohen Kliffs, die einen weiten Ausblick über das Camp und die Bay gewähren, wo ihre beiden Schiffe im Eis eingeschlossen lagen. Die Insel ist hier oben bemerkenswert flach. In der Südwestecke des Plateaus, oberhalb der Barrow Strait, hatte Franklin ein großes Steinmal errichten lassen. Von diesem Aussichtspunkt, der 180 m über dem Meeresspiegel liegt, sieht man 70 km weiter im Süden Somerset Island und 50 km entfernt im Westen, über den Eingang des Wellington Channels hinweg, Cornwallis Island.

Ein schmales Flußbett zieht sich südlich des Franklin-Lagerplatzes an dem grauen Schotterfeld der drei Gräber entlang bis in die Erebus Bay hinab. Dieser Strom erwacht nur im Juli und August zum Leben und versorgt dann die Besucher des Lagerplatzes mit Wasser. Im Juli, wenn die Sonne den felsigen Boden erwärmt hat, blühen hier winterfeste Blumen und schmücken die Landschaft mit winzigen, wahllos verstreuten, leuchtenden Farbflecken. Bäume gibt es auf Beechey Island nicht, da die Insel weit oberhalb der nördlichen Baumgrenze liegt. Im August, als die wissenschaftliche Gruppe dort arbeitete, waren auch die Blumen bereits wieder verwelkt.

Am 12. August 1984 begannen die Forscher der University of Alberta den Boden über Torringtons Grab aufzugraben, nachdem sie es zuvor durch ein Zelt vor Umwelteinflüssen geschützt hatten.

Das Team brauchte keine Stunde, um die oberste Geröllschicht mit Schaufeln und Maurerkellen abzutragen. Aber als sie 10 cm tief in die Erde eingedrungen waren, stießen sie auf zementharten Permafrost. Nach einem kurzen erfolglosen Versuch, den Boden mit Heißluft aufzutauen, griffen sie wieder zu Spitzhacke und Schaufel, um den Grund aufzubrechen.

Schon bald, nachdem die alleroberste Schicht des Permafrosts abgeschlagen, herausgebrochen und weggeschaufelt war, machte sich in der sonst frischen und klaren Luft ein eigenartiger Geruch bemerkbar. Zunächst stieg er in Intervallen nach oben, vermischt mit dem durch Staub und Funkenschlag bei der Arbeit entstandenen Geruch. Aber als man tiefer in den Boden eindrang, wurde er immer stärker und legte sich bald über die ganze Arbeitsstelle. Obgleich es kein eigentlicher Modergeruch war, gab er Beattie einen ersten Vorgeschmack von dem, was ihn erwarten mochte. Erst sehr viel später, nachdem man den Sarg völlig freigelegt hatte, stieß man auf die Ursache.

Zwei lange Tage mußten sich die Forscher durch fast 1,5 m Permafrost hindurchkämpfen, bis sie einen ersten Blick in die Vergangenheit tun konnten. An der tiefsten Stelle der Ausgrabung legte Walt Kowal, nachdem er sorgfältig eine dünne Schneeschicht am Fußende des Grabes entfernt hatte, eine kleine Fläche durchsichtigen Eises frei. Unter dieser Eishülle konnte er einen dunkelblauen Stoff erkennen. Noch bis zu diesem Moment waren Spekulationen darüber angestellt worden, ob hier überhaupt irgend jemand begraben lag. Torringtons Leichnam mochte durch das Eis gebrochen und verlorengegangen sein. Andere Expeditionen aus jener Zeit hatten als eine Art Erinnerungsstätte Scheingräber errichtet. Es war auch möglich, daß man den Leichnam irgendwann in den vergangenen 138 Jahren herausgeholt hatte. Diese Möglichkeiten wurden, als sie sich etwa einen halben Meter tief in den Permafrost vorgearbeitet hatten, nur als ärgerlich empfunden. Als sich die Forscher dann tiefer und tiefer in den Boden wühlten und immer noch nichts von einem Sarg zu sehen war, bereitete ihnen der Gedanke, das Grab könne leer sein, ernsthafte Sorgen. Als Kowal dann den blauen Fleck entdeckte, rief er: „Da ist er! Wir haben es geschafft!“ und trat mit einem Gefühl des Sieges und der Erleichterung zurück.

Beattie und die anderen drängten sofort heran und knieten im engen Kreis um die Fundstelle. Da erst ein sehr kleines Stück freigelegt war, konnte man noch nicht erkennen, um was es sich handelte. Beattie meinte, es könne ein Zipfel des Union Jack sein. Andere glaubten eher, es sei ein Stück Uniform, ein Leichentuch oder der Sarg selbst. Für kurze Zeit ließ man das Material unter seiner dünnen Eisdecke unberührt.

Nun, da die Forscher etwas in dem Grab gefunden hatten, brannten sie natürlich darauf weiterzumachen. Doch Beattie wartete noch immer auf die Erlaubnis des Government of the Northwest Territories, Exhumierung und Wiederbeisetzung vornehmen zu dürfen, ferner auf die Genehmigung der Royal Canadian Mounted Police sowie auf grünes Licht vom Chief Medical Officer. Was bisher getan worden war, gehörte zur Arbeit der Archäologen und war durch eine besondere Erlaubnis gedeckt. Nachdem nun aber der Leichnam gefunden war, mußte er die Ausgrabung stoppen, bis die zusätzlichen Genehmigungen eingetroffen waren.

Nachdem man inzwischen mehr als einen Meter Permafrost abgetragen hatte, stand für Beattie fest, daß Torringtons Leichnam in dem gefrorenen Boden sehr wahrscheinlich hervorragend konserviert sein würde. Zunächst hatte es Zweifel gegeben, da immerhin 138 arktische Frühlinge und Sommer vergangen waren. Aber selbst im Hochsommer taute die Sonne nicht einmal die oberste Schicht des Permafrosts auf – und Franklins Männer hatten sich sehr viel Mühe gegeben, Torrington tief in den gefrorenen Boden zu betten.

Während die Forscher auf die Genehmigungen warteten, trat ein Problem auf, an dem beinahe das gesamte Projekt gescheitert wäre: Wasser begann, das Grab zu überfluten.

Es handelte sich um unter der Oberfläche abfließendes Schmelzwasser vom Uferhang und den Kliffs oberhalb der Ausgrabungsstätte, das zusätzlich von gelegentlichen Regen- und Graupelschauern gespeist wurde. Alles stand auf dem Spiel. Was ungestört mehr als ein Jahrhundert überdauert hatte, konnte durch das Wasser innerhalb weniger Stunden ernsthaft beschädigt oder sogar zerstört werden, wenn nicht schnell etwas geschah.

Man entschloß sich, unmittelbar oberhalb der Gräber (die drei Seeleute waren nebeneinander beerdigt worden und Torringtons Grab lag dem Ufer am nächsten) einen schmalen, V-förmigen, 40 m langen Graben anzulegen. Dieser Graben, der nur ein paar Zentimenter in den gefrorenen Boden geschaufelt und gekratzt wurde, leitete das Wasser tatsächlich von den Gräbern ab. Schon nach wenigen Stunden hörte das Wasser auf, in Torringtons Grab zu sickern. Es tröpfelte noch eine Weile und versiegte schließlich ganz.

Da die Genehmigungen immer noch nicht kamen, nutzten Roger Amy und Geraldine Ruszala die Zeit, um die Landzunge zu erforschen, die Beechey Island mit Devon Island verbindet. Nach einer Weile bemerkte Amy, als er den Blick über die Landzunge schweifen ließ, in ungefähr 300 m Entfernung eine schmutzig-weiße Erhebung im Schnee. Seine Aufmerksamkeit wurde von der ungewöhnlichen Farbe gefesselt. Als er genauer hinsah, erkannte er, daß sich die „Erhebung“ bewegte. Im gleichen Moment „fiel bei ihm der Groschen“. Amy blieb wie angewurzelt stehen: Sie marschierten direkt auf einen Polarbären zu! Diese riesigen und mächtigen Tiere, die bis zu 450 kg wiegen und sich bis zu einer Höhe von 3,5 m aufrichten können, vermeiden im allgemeinen den Kontakt mit dem Menschen. Dennoch kommt es in der kanadischen Arktis gelegentlich vor, daß Polarbären angreifen. Häufig genug werden sie deshalb in Notwehr erschossen.

Amy flüsterte Ruszala zu, sie solle langsam rückwärts gehen, während der Bär auf sie zu schlenderte. Sie waren wenigstens einen halben Kilometer vom Lager entfernt und setzten ihren vorsichtigen Rückzug fast über die gesamte Strecke fort, während der Bär ihnen in stets gleichem Abstand folgte. Schließlich, in Rufweite des Camps, drehten sie sich um und rannten los. „Ein Bär, ein Bär", rief Ruszala und gestikulierte wild in Richtung der Landzunge. Der Bär war noch immer ungefähr 300 m entfernt, als Kowal und Damkjar mehrere Schüsse in die Luft abgaben, um das Tier abzuschrecken. Diese Schüsse machten den Bären nur noch neugieriger. Aber die beiden Männer feuerten weiter, und nachdem es noch ein paar Meter näher herangeschlendert war, kam das Tier klugerweise zu dem Schluß, daß es besser sei – vielleicht auch nur weniger laut –, die Richtung zu ändern und sich anderen Geschäften zuzuwenden. Die Gruppe verfolgte den Rückzug des Bären, bis sie ihn am Ende mit ziemlicher Geschwindigkeit über die Union Bay auf Cape Spencer zuschwimmen sahen. Amy und Ruszala waren von diesem Ereignis doch ziemlich mitgenommen.

Da man noch immer auf die letzten Genehmigungen wartete, entschlossen sich Beattie und Damkjar, zunächst die Überreste des Winterlagers der Franklin-Expedition und ein paar andere historische Plätze entlang der Ostküste der Insel zu erkunden.

Die meisten Dinge, die die Franklin-Expedition zurückgelassen hatte, waren von den nachfolgenden Suchexpeditionen aufgesammelt und mitgenommen worden. Was sie zurückgelassen hatten, war bis zum Jahr 1984 immer wieder durchsucht worden. Dennoch waren eine Anzahl wichtiger Dinge in unmittelbarer Nähe des Friedhofs erhalten geblieben. Am auffallendsten war ein aus Geröll errichteter Grundriß, in dem man die Überreste eines Vorratshauses zu erkennen glaubte, weiterhin die Reste einer Schmiede sowie einer Zimmermannswerkstatt. Etwas weiter enfernt fand man Vertiefungen, in denen einst Zelte oder Beobachtungsstationen gestanden haben mochten. Zwischen 1976 und 1982 führte Parks Canada detaillierte archäologische Untersuchungen einer Zahl von historischen Plätzen in der Arktis durch. Beechey Island war einer dieser Orte. Die einzigen Gegenstände der Franklin-Expedition, die man damals noch fand, waren

– neben den Grundrissen – Tonpfeifenfragmente, Nägel, Schmiedeabfall, ein Stück Ofentür, Holzstücke und Zinndosen.

Beattie überprüfte auch die beiden Gräber, die aus der Zeit der Suchexpeditionen in den 1850er Jahren stammten, und die man neben denen Torringtons, Hartnells und Braines angelegt hatte. Das eine ist das Thomas Morgans, eines Seemannes von Robert McClures HMS *Investigator*. Über das andere weiß man weniger. In einem Tagebuch aus den 1850er Jahren findet sich jedoch ein Hinweis, wonach es sich hier um ein Scheingrab zur Erinnerung an den französischen Marineleutnant Joseph Réné Bellot handeln könnte.

Beide waren auf heldenhafte und tragische Weise ums Leben gekommen. Morgan war einer der an Skorbut gestorbenen Männer der *Investigator*, denen das Verdienst zuerkannt worden war, als erste die Nordwestpassage bezwungen zu haben – bevor man von den Leistungen der Franklin-Expedition erfahren hatte. Nachdem man die im Eis eingeschlossene *Investigator* in der Mercy Bay an der Nordküste von Banks Island verlassen hatte, trat Morgan mit der restlichen Crew McClures den schwierigen Marsch über das Eis nach Dealy Island an, erreichte später Beechey Island, um dann am 22. Mai 1854 an Bord der HMS *North Star* im Alter von 36 Jahren zu sterben. Bellot, der mit Auszeichnung in der französischen Marine gedient hatte, meldete sich später als Freiwilliger, um an der Suche nach Franklin teilzunehmen. Er besuchte die Arktis das erste Mal unter Kapitän William Kennedy an Bord der *Prince Albert* und das zweite Mal an Bord der HMS *Phoenix*. Am 18. August 1853, als er mit Depeschen für Sir Edward Belcher den vereisten Wellington Channel hinaufsegelte, wurde Bellot von einer Sturmböe erfaßt und in das eisige Wasser gefegt. Sein Leichnam wurde niemals gefunden.

Beattie und Damkjar wanderten – die Gräber und das Lager Franklins hinter sich lassend – auf dem Uferrücken oberhalb der Wasserlinie nach Süden. Die ersten Gegenstände, die sie auf ihrem Weg fanden, waren Dosen, zum Teil wahllos verstreut, zum Teil zu kleinen Haufen aufgeschichtet. Eine nähere Prüfung ergab, daß sie von den früheren Suchexpeditionen stammten. Nicht nur Kapitän Horatio Thomas Austin und Kapitän William Penny – die ersten, die Relikte der Franklin-Expedition auf Beechey Island entdeckten – hatten einige Zeit hier verbracht. Auch andere Suchtrupps hatten später die Insel als Ausgangspunkt für ihre Nachforschungen benutzt. Während sie weitergingen, nahm die Zahl der Dosen zu. Auch Holzstücke wurden gefunden. Hinter einer Biegung tauchte plötzlich der Mast eines der Schiffe auf, die in den 1850er Jahren vor King William Island aufgegeben worden waren. Der Mast ragte in einem steilen Winkel aus einer steinigen Uferbank heraus. Das Schiff, das man wahrscheinlich als Depot vor der Insel zurückgelassen hatte, war noch weitgehend intakt gewesen, als Sir Frederick Banting, der Mitentdecker des Insulins, und der kanadische Maler A. Y. Jackson 1927 die Insel auf einer Studienreise besuchten. Der Mast und ein kleiner Teil des Rumpfes, der flach auf einer der niedrigeren Uferbänke lag, waren alles, was Beattie und Damkjar zur Besichtigung noch übrigblieb.

Bald kamen weitere Objekte entlang der Küste in Sicht. Auf einem der höchsten Uferrücken fanden sie eine Reihe neuer Gedenktafeln und Steinmale aus den 1950er und 70er Jahren. Hier befindet sich auch eine Gedenkstätte, die das 1858 von Leopold M'Clintock hinterlassene Denkmal und das von Belcher errichtete Scheingrab zur Erinnerung an alle jene verbindet, die auf der Suche nach Franklin ihr Leben ließen.

Belcher, der zwischen 1852 und 1854 eine Flotte von fünf Suchschiffen befehligte, hatte angeordnet, daß eins der Schiffe, die *North Star*, unter dem Kommando von William John Samuel Pullen vor Beechey Island als Nachschubbasis für die anderen Schiffe verbleiben sollte. Unmittelbar vor dem Scheingrab, auf einer sehr viel niedrigeren Uferbank, befindet sich die Ruine des Northumberland House, das die Mannschaft der *North Star* 1854 hier als Vorratslager errichtet hatte. Bis zu Beginn dieses Jahrhunderts hatte es sich noch in einem leidlich guten Zustand befunden, aber das war nun vorbei. Von den hölzernen Wänden waren nur noch Reste vorhanden, lediglich eine Steinmauer war einigermaßen erhalten. Innerhalb und um diese „Wände" lagen Hunderte, möglicherweise Tausende von Gegenständen verstreut, teils Trümmer des ehemaligen Gebäudes, teils Reste von Behältern für Nahrungsmittel (in erster Linie hölzerne Faßdauben und metallene Faßreifen), die einmal hier gelagert hatten. Am 6. August 1927, als Banting und Jackson Northumberland House besuchten, war das Gebäude bereits stark verfallen gewesen. Dennoch hatte Jackson in seinem Tagebuch notiert: „... dort liegen zahlreiche Wasserfässer, von denen man 30 bis 40 noch heute benutzen könnte."

Die verstreuten Relikte auf Beechey Island sagen indessen nichts über die Hunderte von Mitgliedern verschiedener Expeditionen aus, die sich während der Suche nach Franklin zu Beginn der 1850er Jahre hier aufgehalten haben. Selbst auf einer so kleinen Insel ist das, was sie zurückgelassen haben, inmitten der herben Landschaft verlorengegangen.

Als Beattie während seiner Unternehmungen am Südstrand aufs Meer hinaussah, dachte er auch an das Wrack der *Breadalbane*, die von England ausgesandt worden war, um Belchers Schiffe mit frischem Proviant zu versorgen. Vom Eis zerquetscht, sank die *Breadalbane* am 21. August 1853 vor dieser Küste. 1980 lokalisierte der kanadische Unterwasserforscher Dr. Joe MacInnis die Überreste des bemerkenswert gut erhaltenen Schiffes in 100 m Tiefe. 1983 leitete er eine Tauchergruppe, die das Wrack in Augenschein nahm.

Als Beattie von seinem Ausflug ins Lager zurückkam, stellte er fest, daß das Warten auf die Genehmigungen langsam allen auf die Nerven ging. Schließlich entschloß sich Amy, in der Annahme, daß diese Genehmigungen nun ohnehin nicht mehr rechtzeitig kommen würden, um das geplante Projekt in diesem Sommer abschließen zu können, nach Edmonton zurückzukehren. Hier wartete eine Reihe dringender beruflicher Verpflichtungen auf ihn. Amy verließ Beechey Island am 15. August.

Am 17. August erhielt Beattie plötzlich über Funk die Erlaubnis des Polar Shelf Office in Resolute, mit der Exhumierung, Autopsie und Wiederbeerdigung John Torringtons fortzufahren. Das Verlesen der

HMS *Breadalbane* (links) und *Phoenix* löschen am Cape Riley ihre Ladung

Genehmigungsschreiben beflügelte das Team mit neuer Energie und Begeisterung. Das letzte der Schreiben enthielt bis ins einzelne gehende Anweisungen, wie zu verfahren sei, falls man bei der Untersuchung des Seemanns auf ansteckende Krankheiten stoßen sollte. Dies brachte sie etwas in Verlegenheit, konnte doch jeder in der Arktis diese Funkmeldung aufgefangen und zugehört haben, wie der Sprecher vorlas: „Sollte Dr. Beattie im Verlauf seiner Ausgrabungen an den Gegenständen oder den exhumierten Leichen irgendwelche Anzeichen für eine ansteckende Krankheit entdecken, darf die Grabung nicht fortgesetzt werden."

Sofort begann man, die letzte Eis- und Gesteinsschicht abzutragen, und bald wurde offenbar, woher der unangenehme Geruch kam. Es war kein menschlicher Verwesungsgeruch, wie man erwartet hatte, sondern er rührte von dem verrottenden blauen Wolltuch her, mit dem der Sarg bedeckt war. Während sie noch den Sargdeckel freilegten, nahm der Wind bedenklich zu, und eine massive, schwarze Gewitterwolke zog über den Platz. Die Zeltwände, die die Ausgrabungsstätte schützten, begannen laut zu knallen. Als das Wetter immer schlechter wurde, unterbrachen die Fünf schließlich ihre Arbeit und sahen sich an. Plötzlich war eine ganz seltsame Atmosphäre entstanden, die Kowal zu der Bemerkung veranlaßte: „Wie in einem Horrorfilm!" Einige aus dem Team waren sichtlich nervös, und Beattie entschied, die Arbeit für diesen Tag zu beenden. In der Nacht heulte der Wind ununterbrochen, zerrte an Beatties Schlafzelt und klatschte ihm gelegentlich die Leinwand ins Gesicht. Ruszala, die nicht schlafen konnte, blieb in einem der Langhauszelte. Alle machten sich Sorgen um die Standfestigkeit des Zeltes, das man über Torringtons Grab errichtet hatte. Während der ganzen Nacht spähten immer wieder besorgte Gesichter aus den Schlafzelten, um sich zu vergewissern, ob es noch da war.

Gegen Morgen erfaßte eine mächtige Sturmböe das bodenlose Zelt, hob es empor und über das Kopfbrett hinweg und klatschte es auf den angrenzenden Strand. Nur ein dünnes Seil hielt es an einer der Zeltstangen fest und verhinderte, daß es in die Erebus Bay hinausgeweht wurde. Etwas später beruhigte sich das Wetter endlich. Sie bauten das Zelt ab, das erstaunlicherweise nur leicht beschädigt war, und setzten die Grabung unter freiem Himmel fort.

Zeit spielte für sie während ihrer Arbeit keine Rolle. Da es ohnehin 24 Stunden lang hell blieb, hatten sie bald jedes Gefühl für die Tageszeit verloren. Sie aßen, wenn sie hungrig waren und schliefen, wenn sie müde waren. Es entwickelte sich ein natürlicher Rhythmus, bei dem manchmal ein Arbeits„tag" von 28 Stunden herauskam. Die einzige Erinnerung an eine reglementierte, zeitorientierte Außenwelt waren die täglichen Radiokontakte mit dem Polar Shelf operator morgens und abends um 7 Uhr. Hierbei gab das Forschungsteam Wetterinformationen und Nachrichten durch und empfing seinerseits Meldungen und Wetterangaben der anderen vom Polar Shelf betreuten Lager in der gesamten Arktis.

Als die letzte Eis- und Geröllschicht entfernt war, die den Deckel des Sarges einzementiert hatte, glaubte Damkjar, auf dem oberen Mittelteil des Sarges etwas zu erkennen, das sich irgendwie in der Struktur vom Übrigen unterschied. „Seht euch das an", sagte er, während er mit dem Auftauen und Säubern fortfuhr. „Es sieht so aus, als sei etwas auf dem Deckel befestigt oder vielleicht auch hineingraviert." Damkjars langsames und peinlich genaues Vorgehen schien ewig zu dauern, aber endlich nahm die Entdeckung Form an. Es handelte sich um eine wunderschöne, handgemalte Schmuckplatte, die sorgfältig auf den Sargdeckel genagelt worden war. Die Platte hatte in etwa die Form eines nach oben und unten spitz auslaufenden Herzens. Sie war aus geschmiedetem Eisenblech, vielleicht einem Stück Blechkanister, und schien von Hand zugeschnitten. Sie war in einem dunklen Blaugrün gestrichen und enthielt in weiß eine sorgfältig handgemalte Inschrift: John Torrington, gestorben am 1. Januar 1846, im Alter von 20 Jahren.

Die Platte war ein rührender letzter Gruß von Torringtons Mannschaftskameraden, und Damkjar verbrachte viel Zeit damit, seine Entdeckung zu studieren und zu skizzieren. Vor 138 Jahren eingefroren, begann nun die Farbe abzubröckeln, und an den äußeren Rändern hatte sich Rost angesammelt. Der Rost wurde sorgsam entfernt und die Oberfläche der Platte sanft mit Wasser gereinigt.

Der Sarg selbst war eindrucksvoll. Er war ganz offensichtlich sorgfältig gearbeitet. Mahagonideckel und -kasten waren einzeln in dunkelblau gefärbtes Wolltuch eingeschlagen. Weißes Leinenband war in einem geometrischen, militärischen, aber sehr dekorativen Muster auf dem Sarg angebracht und kontrastierte mit der persönlichen Art der Platte. An den Seiten des Sarges war je ein Messinggriff angeschraubt, der an der rechten Seite noch nach oben stand. Am Fuß- und Kopfende waren Messingringe angebracht.

Was besonders ins Auge fiel, war seine Größe: Für einen Erwachsenen schien er viel zu klein, wenngleich dies eine optische Täuschung sein mochte, da er in einem tiefen, engen Loch lag.

Während der stundenlangen Arbeiten, den Permafrost zu entfernen, der den Sarg umschloß, klopften die Ausgräber gelegentlich auf den Sargdeckel. Jedesmal erwarteten sie, einen hohlen Klang zu hören, aber das war nicht der Fall. Es hörte sich eher an, als klopfe man gegen einen großen Marmorblock, unter den gegebenen Umständen ein etwas ungewöhnlicher Laut. Der Sarg schien offensichtlich eine kompakte Masse zu enthalten, jedenfalls nicht nur einen Körper.

Das Abnehmen des Deckels gestaltete sich überraschend schwierig. Er war mit einer Reihe viereckiger Nägel sehr fest auf den Kasten genagelt worden und außerdem, wie die Forscher bald herausfanden, am Eis, das sich im Sarg gebildet hatte, „festgeklebt". Man hatte die Wahl, entweder den Sargdeckel aufzustemmen oder die Nägel herauszuziehen oder sie zwischen Deckel und Kasten zu durchtrennen. Stemmte man den Sarg auf, würde man den Deckel mit Sicherheit zerstören: Das Holz war weich und mürbe. Der Versuch, die Nägel herauszuziehen, würde wahrscheinlich dasselbe Ergebnis haben. Das beste war nach Beatties Meinung, die Nägel zu durchtrennen. Er setzte die meißelartige Seite seines Gesteinshammers zwischen Deckel und Kasten an, dort wo die Nägel saßen, und schlug mit einem zweiten Hammer dagegen. Der Meißel drang in den Sarg und durchschlug dabei den Nagel, ohne irgend etwas anderes zu beschädigen.

Als schließlich sämtliche Nägel durchtrennt und das Eis, das den Deckel noch immer von innen festhielt, aufgetaut war, ergriff Beattie ihn am unteren Teil, hob ihn langsam hoch und deckte den schattenhaften Inhalt des Sarges auf, der sich als ein zum Teil durchsichtiger Eisblock entpuppte. Durch seine gefrorenen Blasen, Risse und glatten Stellen sah man etwas hindurchschimmern, aber je näher sie herangingen, um es zu betrachten, um so undeutlicher wurde es.

Dieser Eisblock stellte das bisher größte Hindernis für sie dar. Sie waren bis auf Zentimeter an den Körper herangekommen, um nun vor einer anscheinend unüberwindlichen Barriere zu stehen. Die Arbeit wurde unterbrochen, während Beattie über den nächsten Schritt nachgrübelte. Sie hatten keine große Wahl.

Das mitgebrachte Aufheizgerät für Flugzeuge, eine laute, launische und gefährliche Maschine, konnte nicht zum Auftauen des Eises eingesetzt werden, weil heiße Luft den Körper und alles, was der Sarg sonst enthielt, in Gefahr bringen würde. Da andererseits die Außentemperatur um den Gefrierpunkt lag und im Grab noch niedriger war, war mit einem natürlichen Auftauen des Eisblocks nicht zu rechnen. Es wegzuschlagen war unpraktisch und wahrscheinlich nicht möglich.

Ruszala schlug schließlich vor, abwechselnd warmes und kaltes Wasser auf den Eisblock zu gießen. Es klappte besser und schneller, als man gedacht hatte. Die Forscher erwärmten eimerweise Flußwasser auf dem Campingkocher, beförderten es über eine „Eimer-Kette" Dutzende von Metern bis zum Grab und gossen es dort auf eine bestimmte Stelle im Eis, von wo aus es schließlich bis zur Verbindungsstelle zwischen Sarg- und Grabsohle durchsickerte. Dieses Wasser wurde wieder in einen Eimer geschöpft und außerhalb des Grabungsplatzes weggegossen. Sie arbeiteten hart und kamen schnell voran, angespornt durch die Aussicht, sehr bald einem Mitglied der Franklin-Expedition von Angesicht zu Angesicht gegenüberzustehen.

Das erste, was man von Torrington sah, war seine Hemdbrust mit sämtlichen Perlmuttknöpfen. Noch aufregender war jedoch der Anblick seiner vollständig erhaltenen Zehen, die nach und nach durch das zurückweichende Eis hindurchkamen.

Die meiste Zeit des Tages verging mit diesen ersten Schritten, den Körper freizulegen. Das Gesicht blieb noch verborgen, zugedeckt von einem Stück desselben blauen Wollstoffs, der den Sarg von außen umhüllt hatte. Dies rief bei den Forschern ein unheimliches Gefühl hervor; es war gerade so, als sei Torrington bewußt, was um ihn herum vorging.

Es sollte nicht mehr lange dauern, bis sie in das Gesicht dieses Mannes aus einer längst Geschichte gewordenen Zeit blicken sollten. Und wer von den heute Lebenden hatte denn – abgesehen von einigen Porträts und primitiven Fotos aus jener Zeit – jemals das Gesicht eines Mannes vom Beginn des vorigen Jahrhunderts gesehen, eines Mannes, der an einer der größten Expeditionen in der Geschichte der Entdeckungen teilgenommen hatte?

Beattie war von der nahezu vollkommenen Erhaltung der Zehen fasziniert. Bei dieser völligen Konzentration auf die Füße war ihnen noch gar nicht richtig bewußt geworden, daß diese Teile eines vollständig erhaltenen menschlichen Körpers waren. Es war eine ganz eigenartige Phase während ihrer Arbeit: Greifbar vor ihnen lag der gefrorene Leichnam eines Seemanns aus dem Jahr 1846, und dennoch konzentrierten sie sich in einem solchen Maß auf kleinste Details des Auftauens, so daß die schließliche Freilegung des vollständigen Körpers für alle völlig unerwartet kam.

Während Beattie mit den Füßen beschäftigt war, taute Arne Carlson sorgfältig den Teil des Wolltuchs auf, der das Gesicht bedeckte. Mit einer langen Operationspinzette hob er den Stoff jeweils vorsichtig so weit hoch, wie er ihn vom Eis befreit hatte. Dies war eine schwierige und mit peinlicher Sorgfalt auszuführende Prozedur, da er das Gewebe möglichst nicht beschädigen wollte und tief darüber gebeugt arbeiten mußte. Dann plötzlich, als er den rechten Zipfel des Stoffes sanft nach oben zog, löste sich die letzte dünne Eisschicht und gab das Material frei: Carlson blickte in das Gesicht John Torringtons. Er schnappte nach Luft und sprang auf, wodurch sich der Stoff wieder über Torringtons Gesicht legte. Mit der Pinzette auf Torrington deutend, sagte Carlson mit einer eigentümlich sanften Stimme: „Da liegt er. Er liegt wirklich da!“ Die anderen traten sofort an das Grab, und während sie gemeinsam auf das Tuch starrten, nahm Beattie einen Zipfel auf und zog es zurück.

Niemand rührte sich oder sprach ein Wort. Nichts hatte sie auf das Gesicht John Torringtons vorbereiten können, der vor ihnen eingerahmt und eingebettet in seinem Eissarg lag. Trotz all der dazwischenliegenden Jahre machte er den Eindruck, als sei er noch nicht lange tot; ja fast schien es, als sei er gerade eben gestorben.

Es war ein erschütternder Moment für Beattie, der mit diesem Mann fühlte und Trauer über seinen Tod empfand und doch zugleich das Gefühl hatte, als stehe er auf einer Klippe und blicke über einen furchterregenden Abgrund auf eine Welt, die sich von der unseren sehr unterschied.

Am Tag der Autopsie war der Himmel bedeckt. Die grauen Wolken verschmolzen mit den grauen Wassern der Erebus Bay. Die Temperatur betrug – 1 ° Celsius, und der Wind wehte mit einer Durchschnittsgeschwindigkeit von 20 km/h aus südlicher Richtung. Wenn man neben dem Grab stand und in den Sarg sah, schien sich die düstere Stimmung in Torringtons schlichten grauen Leinenhosen und seinem blauweiß gestreiften Hemd widerzuspiegeln. Das Hemd hatte einen Stehkragen und war vorn bis zum Hosenbund gefältelt. Um das Kinn und sein mittelbraunes Haar hatte man ein Taschentuch geknotet. Es war aus weißem Baumwollstoff mit großen blauen Tupfen.

John Torrington wirkte alles andere als grotesk. Der Ausdruck seines schmalen Gesichts mit den aufgeworfenen Lippen und halbgeschlossenen Augen, die von zarten, hellbraunen Wimpern umrahmt waren, war friedvoll. Nase und Stirn waren im Gegensatz zu der natürlichen Farbe der übrigen Gesichtspartien durch die Berührung mit dem dunkelblauen Wollstoff dunkel verfärbt. Dies beschattete das Gesicht und hob seine Sanftheit besonders hervor. Die Tragik von

Torringtons frühem Tod wurde den Forschern ebenso deutlich, wie es seine Kameraden 138 Jahre zuvor empfunden haben mußten.

Torrington war 163 cm groß. Seine Arme waren lang ausgestreckt, seine Hände ruhten mit den Handflächen nach unten auf seinen Oberschenkeln und wurden in dieser Stellung von Baumwollbändern festgehalten. Solche Bänder waren auch um seine Ellbogen, Hände, Fußgelenke und großen Zehen geschlungen. Sie hatten den Zweck, die Glieder während der Einsargung des Leichnams zusammenzuhalten. Später entdeckte man, daß sein Körper auf einem Bett von Hobelspänen lag, die auf den Boden des Sarges gestreut waren, wobei man den Kopf durch eine dikkere Auflage gestützt hatte. Seine Füße waren nackt, und außer seiner Kleidung hatte man ihm keine persönlichen Dinge mitgegeben.

Bei weitem die stärkste und lebendigste Erinnerung, die Beattie an jenen Sommer hat, bezieht sich auf die letzte Phase des Auftauens von Torringtons Leichnam im Sarg und das Herausnehmen des Körpers aus dem Grab zur Vorbereitung für die Autopsie.

Dies war eine unvergeßliche und ergreifende Erfahrung. Carlson hielt die Beine und Beattie stützte Schultern und Kopf des Toten. Er war sehr leicht und wog weniger als 40 kg. Als sie ihn hochhoben, rollte sein Kopf auf Beatties linke Schulter. Beattie sah unmittelbar in Torringtons halbgeöffnete Augen, die nur wenige Zentimeter von den seinen entfernt waren. Torringtons Körper war nicht steif wie der eines Toten. Obgleich seine Arme und Beine zusammengebunden waren, war er entspannt. „Es ist, als sei er nur bewußtlos“, sagte Beattie.

Die beiden Männer betteten Torrington vorsichtig auf den Boden neben dem Grab. Dort lag er, frei unter dem arktischen Himmel, den er 138 Jahre zuvor zuletzt erblickt hatte. Wenn er auf wunderbare Weise wieder zum Leben erwacht wäre, hätte Torrington wahrscheinlich geglaubt, er habe höchstens zweimal den Wechsel der Jahreszeiten verschlafen – nicht mehr als acht Monate.

Die Bänder wurden entfernt und der Körper entkleidet. Abseits der Realität des Forschungsprojektes könnte ein unbeteiligter Beobachter das Entkleiden seines Körpers Torrington gegenüber als entwürdigend empfunden haben. Aber unter den gegebenen Umständen, wo man einerseits medizinische Beweise zur Aufklärung des Schicksals der Franklin-Expedition brauchte und andererseits das Verhältnis der Forscher zu dem Toten sehr persönlich und intensiv war, konnte von einer Entwürdigung keine Rede sein.

Während er auf Torrington hinabblickte, der nackt auf der Plane für die Autopsie lag, sah Beattie zum ersten Mal, wie ausgemergelt der junge Seemann war, ein wahrhaft erschütternder Anblick. Man diskutierte darüber und fragte sich, was die Ursache hierfür gewesen war. War Torrington verhungert? Hatte er an einer Krankheit gelitten, die ihn seiner physischen Kräfte beraubt hatte? Es war sofort klar, daß ein Verbrechen ausschied: Vor ihnen lag ein junger Mann, der todkrank gewesen war.

Für den ausgemergelten Zustand des Leichnams war zu einem geringen Teil der Feuchtigkeitsverlust verantwortlich, der bei jeder länger dauernden Gefrierzeit auftritt. Insofern konnte der Erhaltungszustand des Körpers nicht als absolut unverändert bezeichnet werden. Andererseits konnte man jede seiner Rippen zählen, und bei der späteren Autopsie wurde kein Gramm Fett gefunden. Dies bewies, daß der Gewichtsverlust noch vor seinem Tod eingetreten und äußerst gravierend gewesen war.

Seine Hände, über die Beattie sagte, daß sie „aussähen, als seien sie noch warm", waren auffallend lang, zart und weich, „wie man sie bei einem Pianisten erwarten würde". Er hatte keinerlei Schwielen an den Fingern, wie man es bei einem aktiven Expeditionsteilnehmer erwartet hätte. Torrington war erster Heizer auf der *Terror*. Es wäre normal gewesen, wenn seine Hände Zeichen seiner Arbeit aufgewiesen hätten. Aber es gab keine, was Beattie davon überzeugte, daß er bereits einige Zeit vor seinem Tod nicht mehr in der Lage gewesen war zu arbeiten. Auch seine Fingernägel waren sehr sauber, und man hatte ihm – entweder in Vorbereitung auf die Beerdigung oder aber kurz vor seinem Tod – die Haare geschnitten.

Der erste Teil der Untersuchung bestand in einer peinlich genauen Suche nach äußeren Hinweisen auf eine mögliche Todesursache (Wunden, Flecken auf der Haut, Krankheitssymptome) oder eine ärztliche Behandlung (Aderlaß). Man fand nichts dergleichen bis auf dunkel verfärbte Flecken an den Ellbogen, Händen und Fußgelenken, die von den Baumwollbändern stammten. Danach begann Beattie mit der eigentlichen Autopsie. Dabei wurden Gewebe-, Organ-, Knochen-, Fingernagel- und Haarproben für eine Analyse durch Roger Amys Labor an der University of Alberta entnommen. Die Autopsie nahm alles in allem mehr als vier Stunden in Anspruch. Beattie und Carlson trugen dabei Operationsschürzen. Ihre Hände waren durch zwei Paar Gummihandschuhe doppelt geschützt. Die Prozedur beinhaltete einen Y-förmigen Schnitt von der Brust bis zum Unterleib, das Zurückklappen der Haut und Muskulatur, die zeitweilige Entfernung des vorderen Brustkorbs und die Herausnahme der Organe des Brustkorbs und des Bauches. Als die Autopsie begann, waren alle inneren Teile völlig gefroren. Man mußte zunächst jedes Organ mit Wasser auftauen, bevor man ihm mit einem Skalpell eine Probe von etwa 10–20 Gramm entnehmen konnte. Carlson und Beattie präparierten und versahen die einzelnen Probenbehälter mit Informationen für die Identifikation und einer Nummer. Ein Konservierungsmittel wurde beigegeben, und Beattie legte jeweils eine der gesammelten Proben in den dazugehörigen Behälter, der anschließend versiegelt wurde. Damkjar machte während der einzelnen Abschnitte der Autopsie Fotos, während Kowal aufschrieb, was Beattie ihm diktierte. Eine der größten Schwierigkeiten bei ihrer Arbeit war, warme Hände zu behalten. Deshalb stand während der ganzen Zeit neben Carlson und Beattie ein Eimer mit heißem Wasser, in dem sie sich immer wieder ihre Hände aufwärmen konnten.

Von Anfang an stieß Beattie bei seiner Arbeit auf medizinisch interessante Hinweise. Torringtons Lungen waren völlig schwarz. Außerdem waren sie gänzlich unnormal an mehreren Stellen mit der Brustwand durch Narbengewebe verklebt. Auch Torringtons Herz erschien unnormal. Nahrungsreste wurden weder im Magen noch im Darm gefunden. Torringtons rechter Daumennagel wurde entnommen, ebenso Proben seines Haares, der Rippen und des Speichenknochens. In den nachfolgenden Monaten sollten diese Dinge unterschiedlichen Analysen unterworfen werden. Auf diese Weise hoffte man, eine Art Tagebuch über seinen Gesundheitszustand vom Beginn der Expedition bis zu seinem Tod zu erhalten.

Eine schwierige, aber notwendige Prozedur während einer Autopsie ist die Entnahme des Gehirns. Mit einer chirurgischen Handsäge, assistiert von Carlson und Damkjar, entfernte Beattie die Schädeldecke, entnahm dem Gehirn einige Gewebeproben und untersuchte es nach Anomalien. Alle gesammelten Proben und Beobachtungen würden später wie Teile eines Puzzles zu einem Ganzen zusammengefügt werden, sobald die Ergebnisse von Amys chemischen Analysen sowie der mikroskopischen Untersuchungen vorlagen.

Während der Autopsie stellte Beattie fest, daß trotz des hervorragenden äußeren Zustandes des Körpers doch postmortale degenerative Veränderungen in der Gewebestruktur eingetreten waren. Amy sollte später anhand der mikroskopischen Untersuchungen bestätigen, daß so gut wie alle Zellstrukturen schwer beschädigt bzw. zerstört waren.

Das Gehirn war, wie auch einige andere Organe, bis auf zwei Drittel seines normalen Umfangs geschrumpft. Seine Zellen waren im Wege der Autolyse von ihren eigenen Enzymen zerstört worden. Beattie wurde später mehrfach darauf angesprochen, ob man Torrington nicht eines Tages hätte wieder zum Leben erwecken können, doch die massive Zerstörung der Zellen in allen seinen Organen schloß diese Möglichkeit absolut aus.

Beattie hatte Torringtons Gesicht für die Dauer der Autopsie zugedeckt; irgendwie gab ihm dies die Beruhigung, daß die private Sphäre des Toten gewahrt blieb. Zugleich wurde damit deutlich, wie sehr das Gesicht als Spiegel der Seele und Ausdruck unserer Identität empfunden wird.

Nach Beendigung der Autopsie wurde Torrington wieder angezogen und in sein Grab und seinen Sarg gehoben. Nachdem man den Körper sorgfältig in seine alte Lage gebracht hatte, wurde der Deckel aufgelegt. Bald würde das Wasser das Grab erneut füllen, gefrieren und Torringtons Körper für alle Zeiten konservieren.

Ruszala hatte ihm eine Notiz mit ins Grab gelegt, die die Namen der sieben Forscher enthielt sowie eine Beschreibung ihrer Gefühle und eine Begründung für die Untersuchungen. Es war eine persönliche Gabe an John Torrington, die zusammen mit seinem Leichnam höchstwahrscheinlich uns alle überdauern wird.

Auf Ruszalas Vorschlag versammelte sich das Team zu einem stillen Gebet und persönlichen Gedenken um das Grab, bevor John Torrington wieder der gefrorenen Tiefe übergeben wurde – diesmal vielleicht für alle Ewigkeit. In jenen Augenblicken sann Beattie über John Torringtons Leben nach, über die Ereignisse des Winters 1845/46, seine eigenen Erlebnisse im derzeitigen Sommer, und daß die dazwischen liegenden Jahre, die sie trennten, irgendwie aufgehoben waren.

Nachdem das Grab aufgefüllt war, machte er eine Pause und blickte über den Strand auf die Erebus Bay hinaus. Ihm war, als sähe er eben vor der Küste die beiden Schiffe im Eis liegen und Franklins Männer, die sich geisterhaft in kleinen Gruppen über das Eis auf die Insel zu bewegten.

Die Mannschaft hatte John Torringtons wegen die Fahrt an jenem bitterkalten Januartag 1846 unterbrochen. Keiner von ihnen mag geahnt haben, welche Schrecken sein Tod ankündigte. Ihr Unternehmen war noch jung, und die Nordwestpassage, die seit 300 Jahren in den Köpfen der Menschen gespukt hatte, lag irgendwo hinter dem Eis im Westen.

9
DAS GESICHT DES TODES

Der arktische Sommer 1984 ging zu Ende. Obgleich das Wetter im allgemeinen schön gewesen war – abgesehen von einigen leichten Schneegestöbern –, verlor die Sommersonne gegen Ende August ihre Wärme, und die Nächte wurden kalt. Während der Winter mit jedem Tag näherrückte, schlich sich auch die nächtliche Dunkelheit wieder in den 24-Stunden-Tag des arktischen Sommers ein. Man mußte den Generator in Betrieb setzen, um während der Abende im Kochzelt einen Flutlicht-Scheinwerfer mit Strom zu versorgen.

Das Wetter war so unberechenbar geworden, daß es in der halben Stunde, die das Flugzeug aus Resolute bis zu ihnen brauchte, völlig umschlagen konnte. Eine Veränderung der Windrichtung oder eine schnell fallende Wolkendecke hätten bereits genügt, um eine Landung auf Beechey Island unmöglich zu machen.

Beattie hatte ursprünglich vorgehabt, alle drei Gräber der Franklin-Expedition auf der Insel in diesem Sommer zu öffnen. Aber da er dem Wetter nicht mehr traute und von der Exhumierung John Torringtons erschöpft war, wandten sich seine Gedanken der Laborarbeit zu, die ihn in Edmonton erwartete.

Die Exhumierung Torringtons und seine Autopsie hatten drei Tage in Anspruch genommen. Alle Beteiligten waren körperlich und seelisch ausgelaugt. Beattie wollte für diese Saison Schluß machen, und die anderen stimmten zu. Es bedurfte nur noch eines Anrufs beim Polar Shelf, und sie konnten die Insel verlassen. Aber irgendwie hatte etwas an Hartnells Grab Beattie und die anderen irritiert. Noch bevor die Autopsie Torringtons abgeschlossen gewesen war, hatte Walt Kowal angefangen, den Permafrost über Hartnells Grab aufzugraben.

Eine kurze Inaugenscheinnahme der Gräber John Hartnells und William Braines hatte gezeigt, daß sie ursprünglich sehr ähnlich, wenn nicht völlig gleich dem Torringtons angelegt worden waren. Diese Übereinstimmung bestand jetzt nicht mehr: Es war deutlich zu erkennen, daß Hartnells Grab irgendwann während der vergangenen 138 Jahre gestört worden war. Die großen Schieferplatten, die einmal dieses Grab – wie auch das von Braine – gewölbeartig bedeckt hatten, waren planlos auf das Grab geschichtet worden, als ob man sie entfernt und später hastig wieder hingelegt hatte. Bei einer sorgfältigen Inspektion der Oberfläche des Grabes und aller Winkel und Vertiefungen zwischen den großen Steinen fanden die Forscher kleine Holzstücke und ein paar winzige blaue Stoffetzen, die aus dem gleichen Material waren wie das Tuch, das Torringtons Sarg bedeckt hatte. Beattie hatte keine Ahnung, wann das Grab geöffnet worden war. Sie besprachen die Angelegenheit und vor allem die Schwierigkeit, in der noch verbleibenden Zeit eine völlige Autopsie Hartnells vorzunehmen. Falls sein Grab bereits ein- oder mehrmals geöffnet worden war, mußten sie bei der Sammlung der Beweisstücke ganz besonders sorgfältig vorgehen – und das konnte erhebliche Zeit in Anspruch nehmen. Beattie entschied sich deshalb dafür, vorläufig nur nach Hinweisen für den Ablauf der Zerstörung und den Konservierungszustand der Leiche zu suchen, die Autopsie aber erst im darauffolgenden Jahr durchzuführen.

Während der Ausschachtungsarbeiten an Hartnells Grab besuchte Beattie einen Ort, der weitere wichtige Aufschlüsse für seine Forschungen bringen sollte. Etwa einen Kilometer nördlich von den Gräbern, an der schmalsten Stelle der Insel nahe der Landzunge, befindet sich ein großes, ovales Rund mit einer Vertiefung in der Mitte, die mit Bruchstücken hunderter verrosteter und verrotteter Konservendosen von der Franklin-Expedition gefüllt ist. Als dieser Platz im August 1850 entdeckt wurde, fanden die Forscher ein sorgfältiges Arrangement von 700 oder mehr Dosen, die man hintereinander zu kleinen Pyramiden von etwa einem halben Meter Höhe aufgestapelt hatte. Zuvor waren die leeren Dosen mit Kies gefüllt worden. Der Grund für die Errichtung dieses „Mals“, als das es beschrieben wurde, ist nicht bekannt. Um keine von Franklins Männern möglicherweise hinterlassene Botschaft zu übersehen, hatten die Forscher 1850 aus jeder einzelnen Dose den Kies herausgeschüttet und untersucht. Sie hatten buchstäblich keinen Stein auf dem anderen gelassen und sogar den Boden unter den Dosenpyramiden aufgegraben in der Hoffnung, irgendein Dokument zu finden. Von dieser Ausgrabung rühren das ovale Rund und die Vertiefung her, die den Platz heute kennzeichnen.

Es hat lange Debatten über die Bedeutung dieser Dosen gegeben. Man glaubte, das „Mal" habe darauf hinweisen sollen, daß es Probleme mit der konservierten Nahrung gegeben habe. Fest steht, daß Stephan Goldner, der die Franklin-Expedition ausgerüstet hatte, in den 1850er Jahren Schwierigkeiten wegen der Qualität seiner Konservendosen bekam, die er späteren Expeditionen geliefert hatte. Und mehr als einer der Forscher hatte beobachtet, daß zahlreiche auf Beechey Island gefundene Dosen gewölbte Böden aufwiesen, als sei ein Teil der Nahrungsmittel in Fäulnis übergegangen. In diesem Zusammenhang hat ein Historiker des 20. Jahrhunderts errechnet, daß die Zahl der Dosen, die man gefunden hatte, keinesfalls größer war als dies bei der Länge des Aufenthaltes der Expeditionsteilnehmer auf Beechey Island zu erwarten war. Mit anderen Worten, es gibt keinen Beweis dafür, daß man sich auf Beechey Island der verdorbenen Dosen entledigt hätte.

Beattie hatte Fotos von Konservendosen mehrerer britischer Polarexpeditionen gesehen und hatte auch ein paar davon in der Hand gehabt, aber als er sich durch die Dosen der Franklin-Expedition hindurcharbeitete, sah er, daß sie sich von jenen unterschieden. Das Blei war an den Lötstellen dick und schlampig aufgebracht und war – wie geschmolzenes Kerzenwachs – an der Innenseite der Dosen hinabgelaufen. Beattie fragte sich, ob dies die Ursache für den hohen Bleigehalt in den Skelettknochen vom Booth Point war. Dieser Gedanke nahm immer mehr Gestalt an, als jede Dose, die er in die Hand nahm, an der Innenseite der Lötstellen die gleichen Verunreinigungen aufwies. Er sammelte ein paar Proben für eine gründlichere Untersuchung ein und beschloß, später noch einmal auf diesen „Müllplatz" zurückzukehren, um genauere Recherchen vorzunehmen.

Unterdessen gestalteten sich die Ausgrabungsarbeiten an Hartnells Grab für Kowal noch schwieriger als bei Torrington. Der Permafrost war härter und kompakter als in dem ersten Grab. Kowal wies immer wieder auf diesen Unterschied hin. Diese Tatsache bewies bereits, daß das Grab geöffnet worden und dann wieder zugefroren war. Im weiteren Verlauf der Grabung wurden noch mehr Holzstücke und blaue Stoffetzen in der Grabfüllung gefunden. Dies bestärkte Beattie in der Annahme, daß bei der vorangegangenen Öffnung des Grabes sehr wahrscheinlich der Sarg und möglicherweise sogar Hartnells Leichnam freigelegt worden waren.

Kurz darauf meldete Kowal, daß er das Fußende des Sarges gefunden habe. Zur allgemeinen Überraschung war er nur in etwa 85 cm

Tiefe beigesetzt worden. Man hatte vermutet, daß das Grab wenigstens so tief sei wie Torringtons.

Die weiße Bänderdekoration war in sehr schlechtem Zustand. Als Kowal fortfuhr, den Permafrost vom Sargdeckel zu entfernen, stieß er auf zerstörte Holzpartien. „Irgend jemand hat sich an diesem Grab zu schaffen gemacht", meinte er, als er den Sargdeckel freigelegt hatte. Auf der rechten Seite war er in Höhe des Unterarmes zerschmettert worden und wies ein ziemlich großes Loch auf. Man konnte noch die Spuren jedes einzelnen der Pickel-Schläge erkennen. Um das Loch herum fehlte ein großes rechteckiges Stück des blauen Stoffs. Der Deckel, der ursprünglich fest auf den Sarg genagelt gewesen war, war leicht verrutscht. Die Nägel waren entweder entfernt oder zerbrochen worden. Die weiße Bänderdekoration unterschied sich sehr von der ästhetischen Symmetrie bei Torringtons Sarg. Vor allem aber machte Beattie das Ausmaß der Zerstörung betroffen, die ihm ein eklatanter Fall von Vandalismus zu sein schien. Später sollte sich jedoch zeigen, daß der angerichtete Schaden nicht auf blinde Zerstörungswut zurückzuführen war. Man hatte den Deckel wieder auf den Sarg gelegt, und es sah so aus, als habe man die Nägel zuvor sorgfältig herausgeholt. Vandalen hätten sich diese Mühe nicht gemacht.

Beattie sprang in das Grab und beugte sich über das Loch im Deckel. Nachdem er etwas Kies entfernt hatte, meinte er: „Seht mal – Hartnells Hemd!" Ein kleines Stück Stoff, fast von der gleichen Art wie Torringtons Hemd, wurde unter dem Eis sichtbar. Der Stoff, offensichtlich ein Teil des rechten Hemdsärmels, war zerrissen, und Beattie befürchtete nun natürlich, daß auch Hartnells Leichnam beschädigt sein könnte. Anders als bei Torrington fand sich auf Hartnells Sargdeckel keine Schmuckplatte. Beattie hielt es für möglich, daß sie bei der ersten Ausgrabung entfernt worden war. Aber auch bei einer sehr gründlichen Untersuchung konnte man keine Nagelspuren entdecken. Immerhin war es möglich, daß sie sich in der Zwischenzeit wieder geschlossen hatten. Weniger überzeugend war dagegen die Erklärung, als Matrose habe Hartnell eine solche Platte nicht zugestanden. Wenn man davon ausging, daß seine Kameraden (darunter sein älterer Bruder Thomas) normalerweise für die Anfertigung einer solchen Schmuckplatte zuständig waren, schien es wahrscheinlicher, daß sie verloren gegangen war.

Hartnell war nur etwas mehr als halb so tief wie Torrington beigesetzt worden, und außerdem schien der Sarg nicht auf das Kopfbrett hin ausgerichtet. Da die Forscher vorhatten, nicht mehr als den Deckel freizulegen, mußte die Untersuchung darüber, wieweit auch der übrige Sarg beschädigt worden war, bis zu ihrer geplanten Rückkehr warten.

Als Kowal den Sargdeckel am 23. August aufhob, hockten alle am Rand des Grabes. Im Inneren von Hartnells Sarg befand sich wiederum ein solider Eisblock. „Ohne Zweifel wird er genauso gut erhalten sein wie Torrington", meinte Beattie. Dennoch bestand weiterhin unausgesprochen die Befürchtung, Hartnells Leichnam könne beschädigt worden sein. Es gab nur eine Möglichkeit, dies herauszubekommen.

John Torrington war ein zarter, etwas naiv wirkender junger Mann. Er hatte nicht das Aussehen eines seegestählten Fahrensmannes und Abenteurers, sondern schlicht das eines jungen Mannes, der zu früh gestorben war. Nach dieser Erfahrung mit Torrington war keiner der Wissenschaftler auf den Anblick des Todes vorbereitet, der sie wenige Zentimeter unter der Eisoberfläche in Hartnells Grab erwartete.

Kowal goß Wasser über den Kopfteil des Sarges, und bald darauf konnte man in dem zurückweichenden Eis die Umrisse einer Nase erkennen. Während John Torringtons Gesicht durch die Berührung mit dem blauen Wolltuch leicht verfärbt gewesen war, erschien Hartnells Nase unter einer Luftblase in ihrer natürlichen Farbe. Nach und nach sah Kowal, wie ein geisterhaftes Bild durch das Eis hindurch Formen annahm – ein furchterregendes, schimmerndes Antlitz des Todes.

„Dieser Bursche sieht gespenstisch aus", stellte Kowal fest, während er fortfuhr, Hartnell freizulegen, „geradezu der Inbegriff eines Piraten. Dieser Bursche kann einem angst machen."

Die anderen sahen schweigend zu, bis das Gesicht schließlich offen dalag. Vielleicht machte sich jetzt nur die seelische Belastung bemerkbar. Der Anblick dieses Gesichtes erschütterte sie nicht weniger als der Torringtons, aber auf eine andere Art.

Während Torrington eine jugendliche, tragische Unerfahrenheit verkörpert hatte, stand John Hartnell für die grausame Realität des Todes und der Leiden in der Arktis: Sein Gesicht war das eines vom Leben gezeichneten Seemanns des 19. Jahrhunderts. Seine rechte Augenhöhle schien leer und seine Lippen waren grausam geschürzt, als ob er den Zorn über seinen Tod gleich zu Beginn des Abenteuers hinausschreien wollte. John Hartnells letzte Gedanken und die Unerträglichkeit seiner Schmerzen hatten sich in seine Züge eingegraben.

Eingerahmt wurde dieses Gesicht von einer eng anliegenden Mütze, von dem bis unter seinen rötlichen Kinnbart reichenden Leichenhemd und den Konturen des schmelzenden Eises. Eine Locke seines dunklen Haares schaute unter dem Mützenrand hervor. Im Gegensatz zu seinem rechten Auge schien das linke in Ordnung zu sein. „Ich möchte wissen, warum seine Augen so unterschiedlich konserviert sind", murmelte Beattie, als sie Hartnell der Reihe nach musterten. „Wurde das Auge vor seinem Tod verletzt? War er krank?" Aber wie viele andere Fragen mußten auch diese bis zu der geplanten Rückkehr des Forschungsteams nach Beechey Island zurückgestellt werden.

Außer dem Gesicht legten sie nur noch das Stück Stoff frei, das seinen rechten Unterarm bedeckte. Der Körper war in ein Leichentuch oder Laken gehüllt. Ein Teil dieses Tuches und der darunterliegende Hemdärmel seines rechten Armes waren während der ersten Exhumierung zerrissen worden. Es schien so, als sei auch der Arm beschädigt. Hartnell hatte fast zwölf Stunden an der offenen Luft gelegen.

Später, nach seiner Rückkehr ins Labor und in die Bücherei von Edmonton, begann Beattie, Stück für Stück das Geheimnis um Hartnells Ausgrabung zu lösen. Sir Edward Belcher hatte im Oktober 1852 als erster versucht, die Gräber zu öffnen, aber er ließ sich von dem zementartigen Permafrost entmutigen. Seine Leute gaben auf, nachdem sie erst ein paar Zentimeter in den Boden eingedrungen waren. Einen Monat später wurde Hartnell von einer privat finanzierten Suchexpedition exhumiert. Leiter dieser Expedition war Commander Edward A. Inglefield. Er wurde von Dr. Peter Sutherland begleitet, der eine solche Exhumierung bereits zwei Jahre zuvor vorgeschlagen hatte, als er an einer Expedition unter Kapitän William Penny teilgenommen hatte.

Inglefield hatte in der Arktis Hervorragendes geleistet und wurde 1853 mit der Royal Geographical Society's Arctic medal ausgezeichnet. Während der Laudatio sprach Sir Roderick Murchison (der Präsident der Gesellschaft) über die Exhumierung. Das Protokoll dieser Rede enthält eine Reihe Irrtümer und Ausschmückungen:

> Commander Inglefield, der eine private Expedition leitete, beschloß, den gefrorenen Grund aufzugraben, um herauszufinden, unter welchen Bedingungen die Männer beigesetzt worden waren. Die Freilegung eines der Särge entsprach völlig dem, was er erwartet hatte: Sechs Fuß unter der Oberfläche, in einer Tiefe, die nur unter

größten Anstrengungen erreicht wurde, wobei man sich durch steinhart gefrorenen Boden hindurcharbeiten mußte, wurde ein Sarg mit dem Namen Wm. Heartwell gefunden, genau so ordentlich, als hätte man ihn kürzlich auf einem englischen Dorffriedhof beigesetzt. Nägel und Verzierungen waren sorgfältig angebracht und, was besonders wichtig war, der Körper, der durch die starke Kälte völlig konserviert worden war, zeigte keine Zeichen von Skorbut oder anderen bösartigen Krankheiten, sondern war augenscheinlich der eines Menschen, der an Auszehrung gestorben war, einer Krankheit, von der man später erfuhr, daß der Verstorbene dafür anfällig gewesen war.

Inglefields Expedition war eine von jenen, die Lady Jane Franklin ausgerüstet hatte. Mit seiner 17köpfigen Besatzung an Bord war der 149 t große Schraubendampfer *Isabel* am 7. September 1852 vor Beechey Island angekommen. In seinem veröffentlichten Tagebuch beschrieb Inglefield, wie er die Gräber zum ersten Mal erblickte:

> Dieses traurige Symbol der Sterblichkeit – das Grab – fiel mir in die Augen, als wir durch den knietiefen Schnee stapften, der die Insel bedeckte. Die letzte Ruhestätte dreier von Franklins Leuten wurde eingehend in Augenschein genommen, aber wir konnten nichts entdecken, was nicht bereits bekannt wäre. Mein Gefährte erzählte mir, daß man einen riesigen Bären beobachtet habe, der ständig auf einem der Gräber sitze und still Wache bei den Toten halte.

Die Exhumierung Hartnells erwähnte Inglefield in diesem Tagebuch nicht. Zeitlich klaffte jedoch eine Lücke zwischen dem Augenblick, als er und Sutherland ihr Abendessen mit den Offizieren der *North Star* beendet hatten und der Abfahrt der *Isabel* von Beechey Island kurz nach Mitternacht „... unter einem so herrlichen Mond, wie er je die schönen Strände unseres Heimatlandes beschienen hat." Ein nicht veröffentlichter Brief Inglefields an Konteradmiral Sir Francis Beaufort vom 14. September 1852 füllt indessen diese Lücke:

> Mein Doktor half mir, und ich berührte Arm und Gesicht des armen Hartnell. Er war anständig in ein Baumwollhemd gekleidet, und obgleich die Dunkelheit unsere Sicht behinderte, so konnten wir doch fühlen, daß eine zehrende Krankheit die Ursache seines Ablebens

> gewesen war. Es lag eine unheimliche und düstere Stimmung über dem stillen schneebedeckten Ufer der berühmten Beechey Island, als wir beide da um Mitternacht standen. Der blasse Mond sah auf uns herab, während wir schweigend mit Eispickel und Schaufel in dem hartgefrorenen Grab arbeiteten. Bei jedem Schlag sprühten rote Funken aus dem Grab, wo der Kamerad unserer verschollenen Landsleute ruhte. Wir fanden keinerlei Spuren, nur ein Stück dicken Wollstoffs auf halbem Weg zum Sargdeckel. Ich habe alles wieder sorgfältig an seinen Platz gelegt und habe nur die Platte mitgenommen, die auf den Sargdeckel aufgenagelt war und einen Streifen des Stoffes, mit dem der Sarg bedeckt war.

Ein wichtiger Brief und, wie Beatties Untersuchung 1984 zeigte, sehr genau in der Beschreibung dessen, was damals geschehen war – bis zu dem Stück Stoff, das er entfernt hatte. Hier war der Beweis, der die Störung des Grabes, die Ursache der Zerstörung und das Geheimnis der fehlenden Platte erklärte.

Wo sich die Platte und das Stück Stoff heute befinden, ist unbekannt.

Nach Beatties eigenen Erfahrungen vor Ort würde die vollständige Exhumierung Hartnells drei Männer 24 Stunden lang beschäftigt haben. Es scheint daher wahrscheinlich, daß Inglefield und Sutherland ihre Leute am 7. September mehrere Stunden lang das Grab aufgraben ließen, während sie selbst sich mit den Offizieren der *North Star* zu einem Diner trafen.

Sicherlich würde eine genaue Rekonstruktion ihres Tagesablaufes ergeben, daß Inglefield und Sutherland nur die letzten drei bis vier Stunden vor Mitternacht – dem für die Abfahrt ihres Schiffes festgesetzten Zeitpunkt – am Grab gewesen sind. Da sie sich nur kurz auf Beechey Island aufhielten, die Öffnung des Grabes aber erhebliche Zeit in Anspruch nahm, scheint es wahrscheinlich, daß sie die Exhumierung bereits vor ihrer Ankunft sorgfältig geplant hatten.

Da die Jahreszeit 1984 bereits ziemlich weit fortgeschritten war, bestand keine Hoffnung, die medizinischen Untersuchungen an Hartnell und Braine noch in dieser Saison abzuschließen. Das Team mußte noch einmal hierher zurückkehren, um seine Arbeit zu vollenden.

Nachdem man Fotos von Hartnell gemacht hatte, begannen sie, den Sarg und die Begräbnisstätte in ihren alten Zustand zu versetzen. Der Deckel wurde wieder leicht schräg auf den Kasten gelegt, so wie sie ihn gefunden hatten. Eine dünne Schicht Geröll wurde auf dem Deckel verteilt und dann, im Hinblick auf ihre geplante Rückkehr, eine leuchtend orangefarbene Plane über den Sarg gebreitet. Während sie mit den Schaufeln in der Hand um das Grab herumstanden, stach ihnen das fluoreszierende Tuch vor der grauen Umgebung des stillen Grabes grell in die Augen. „Wir werden keine Mühe haben, den Sarg im nächsten Jahr wiederzufinden, wenn das da ihn bedeckt", meinte Kowal.

Nachdem sie die Oberfläche von Hartnells Grab wieder hergerichtet hatten, machte sich die Gruppe zur Abreise fertig. Das Flugzeug sollte in zwei Tagen kommen – Zeit genug, um zu packen, den Platz zu säubern und sich noch ein wenig umzusehen. Es war zugleich eine Zeit des Nachdenkens. Kowal und Ruszala machten sich auf eine 35-km-Wanderung nach Cape Riley und zurück, während Damkjar und Carlson in das Innere der Insel vorstießen.

Beattie blieb allein und in Gedanken zurück. Ihn beschäftigte ein früherer Besuch auf Beechey Island, ein Besuch, den der Forscher Roald Amundsen der Insel im August 1903 abgestattet hatte. Amundsen hatte bei seinem Versuch, die Nordwestpassage zu durchfahren, die Insel besucht, um Franklin seine Reverenz zu erweisen. Während er mit seinem kleinen Schiff, der *Gjoa*, in der Erebus Bay ankerte, rang Amundsen noch mit sich, welchen Weg er einschlagen sollte. Er traf die richtige Entscheidung und war damit der erste Mensch, der die schwer auszumachende Passage erfolgreich durchfuhr. Während Beattie die Ereignisse des Sommers überdachte, wuchs in ihm die Gewißheit, daß die hervorragende Konservierung der toten Seeleute Franklins den Erfolg seiner eigenen Expedition sichern würde. Es blieb kaum ein Zweifel, daß die nun vor ihm liegenden Monate der Laborarbeit wichtige neue Erkenntnisse über das Schicksal Franklins und seiner Mannschaft bringen würden.

Ihr letzter Tag auf Beechey Island, der 26. August, war warm und sonnig. Die Zelte waren schnell abgebaut, und die Ausrüstung wurde neben den Gräbern aufgestapelt. Das Geröll um das Lager wurde geglättet und die letzten Papierfetzen aufgesammelt. Beattie benachrichtigte über Funk den Leiter der Polar Shelf base in Resolute Bay, und das Flugzeug startete, um sie abzuholen. Der Platz wurde ein letztes Mal fotografiert, und mit Hilfe eines Selbstauslösers wurde ein Gruppenfoto gemacht. In diesem Moment hörten sie im Westen bereits schwach den Motor des Flugzeuges. In der Arktis entwickelt man schnell einen sechsten Sinn für Flugzeuggeräusche: Die Leute sehen plötzlich nach oben und sagen: „Da ist ein Flugzeug", und jeder unterbricht sofort seine Arbeit, um intensiv zu lauschen. Für gewöhnlich hört man dann gar nichts, aber niemand zweifelt daran, daß das Flugzeug wirklich kommt. Innerhalb weniger Sekunden hören dann alle die unverkennbaren Geräusche einer Maschine.

Bald flog eine Twin Otter über sie hinweg. Alles winkte, die Kameras wurden gezückt, und alle sahen zu, wie das Flugzeug vorbeibrummte, einen Bogen flog und landete.

Beattie saß links im Flugzeug und sah auf die kaum zehn Meter entfernten Gräber hinunter. Während der letzten zwei Wochen hatte er Hunderte von Fotos von allen dreien gemacht und hatte in zwei von ihnen hineingesehen. Und dennoch verspürte er den Zwang, durch das beschlagene, zerkratzte Fenster und den sich drehenden Propeller der Twin Otter noch eine letzte Aufnahme zu machen. Kaum hatte er auf den Auslöser gedrückt, begann das Flugzeug zu rollen. Mit aufheulendem Motor und zwei knirschenden Aufsetzern hob die Maschine ab und flog davon. Sekunden später waren sie draußen über der Union Bay und wandten sich Cornwallis Island zu, die im Westen auftauchte. Nach einer weiteren dreiviertel Stunde saßen sie bereits im Speiseraum der Polar Shelf Station in Resolute Bay, tranken Kaffee und ließen sich die herrliche Hausmannskost schmecken, die die Mannschaft für sie warmgestellt hatte. Die Sicherheit und Gastfreundschaft des Polar Shelf in Resolute unterschied sich erheblich von dem kleinen Lagerplatz, der ihr Heim gewesen war. Was sie mit Beechey Island verband, schien bereits zu verblassen. Im Augenblick waren für sie eine Dusche, frische Wäsche und ein Gespräch wichtiger. Das Flugzeug der Pacific Western Airlines sollte am nächsten Tag kommen, und das bedeutete: Heimreise. Der Sommer war ein Erfolg gewesen, aber noch aufregendere Entdeckungen erwarteten sie in ihren Labors in Edmonton.

10
EIN BEWEIS WIRD ERBRACHT

Im Grunde war der Körper John Torringtons der einer Mumie. Was ihn von den Mumien unterschied, die man an anderen Ausgrabungsstätten gefunden hatte, war seine erstaunlich gute Konservierung.

Als der Archäologe Howard Carter die drei Särge des ägyptischen Pharao Tut-ench-Amun im Tal der Könige öffnete, fand er den Körper des Königs in einem sehr schlechten Konservierungszustand. Der Pathologe Dr. Douglas Derry, der die Mumie Tut-ench-Amuns untersuchte, schrieb einen detaillierten Bericht, in dem er die verkohlten und verfärbten Überreste schilderte. Der Report umriß die Schäden, die durch den Einbalsamierungsprozeß sowie den Zeitablauf eingetreten waren: „Die Gesichtshaut ist von gräulicher Farbe und sehr rissig und bröckelig... die Gliedmaßen scheinen sehr geschrumpft und ausgedörrt." Selbst Mumien, die besser erhalten waren als Tut-ench-Amun, sei es, daß sie zum Zwecke der Beisetzung einbalsamiert oder vorsätzlich in der Sonne oder an der Luft getrocknet worden waren, hatten starke Veränderungen hinsichtlich Gestalt, Farbe und Gewebe erlitten.

In seltenen Fällen kann die Art der Beisetzung einmal zu einer unbeabsichtigten vollständigen oder teilweisen Konservierung eines Leichnams führen. Einige der besterhaltenen menschlichen Überreste aus der Frühzeit sind an mehreren Stellen in den Mooren Nordwesteuropas gefunden worden. In einigen Fällen haben die Säuren der Moore die Leichname weitgehend intakt gehalten, und dies über Tausende von Jahren hinweg. Aber gleichzeitig hatten sie die „Moorleichen", wie man sie nannte, völlig verfärbt. Ihre Haut sah aus „wie in Teer getaucht", ihr Haar war leuchtend rot und ihre Knochen stark entkalkt. Eine weitere natürliche Art der Konservierung kann durch niedrige Temperaturen und Mangel an Feuchtigkeit eintreten. 1972 fand man in

Qilakitsoq auf Grönland 500 Jahre alte menschliche Überreste, darunter die eines Kindes. Jedoch waren alle diese Mumien steif und unbeweglich: Durch das Austrocknen und Hartwerden des Gewebes waren die Körper für immer in der Haltung erstarrt, in der sie beigesetzt worden waren.

Der zweifellos erstaunlichste Erfolg der Forschungen auf Beechey Island war daher die Entdeckung der fast völligen Erhaltung von Gewebematerial. Tatsächlich hatte die ununterbrochene, seit dem Frühjahr 1846 dauernde Periode der Vereisung größere äußere Verfallserscheinungen abgewendet, so daß John Torrington noch fast genauso aussah wie zu seinen Lebzeiten. Das Körpergewebe hatte sogar seine Flexibilität behalten. Selbst als man Proben von Torringtons Körpergewebe unter dem Mikroskop untersuchte, entsprachen sie noch dem Originalzustand. Aber die langanhaltende Vereisung hatte auch Spuren hinterlassen. Teile der inneren Zellstruktur fehlten im allgemeinen, und in den meisten Gewebeproben waren die Zellwände teilweise zerstört. Außerdem variierte der Grad der Konservierung innerhalb des Körpers. Zum Beispiel zeigten Objektträger, die man mit Teilen von Torringtons Darm präpariert hatte, Bilder, die aus einem Lehrbuch für moderne Humanhistologie oder -pathologie hätten stammen können, während das Gewebe anderer Organe erhebliche postmortale Veränderungen und Detailverluste aufwies.

Die Laborergebnisse der an John Torrington vorgenommenen Autopsie zeichneten das Bild eines jungen Mannes, der an mehreren schweren Krankheiten gelitten hatte. Leider ließ sich jedoch trotz der mit größter Sorgfalt von Roger Amy am University Hospital von Edmonton durchgeführten Untersuchungen der Gewebeproben keine spezifische Todesursache feststellen.

Bereits bei der Autopsie waren seine geschwärzten Lungen besonders aufgefallen, eine Anthrakose, wie sie durch das Einatmen in der Luft vorhandener Schadstoffe wie Tabak, Kohlenrauch und Kohlenstaub hervorgerufen wird. Außerdem waren seine Lungen an einigen Stellen mit der Brustwand verwachsen, was auf eine frühere Erkrankung der Lungen hindeutete. Unter dem Mikroskop sichtbare Zerstörungen des Lungengewebes ergaben ein Emphysem, eine Lungenkrankheit, die normalerweise erst bei sehr viel älteren Menschen auftritt sowie Beweise für eine Tuberkulose. Die Verwachsungen und das zusätzliche Vorhandensein von Flüssigkeit in der Lunge in Verbindung mit einer Infektion ließen Amy zu dem Schluß kommen, daß die unmittelbare Todesursache eine Lungenentzündung gewesen sei. Dann jedoch fand man bei der Analyse der Spurenelemente in den Knochen und Haaren Torringtons die wohl eigentliche Ursache seines Todes: Eine Atomabsorptionsanalyse von Torringtons Knochen ergab einen erhöhten Bleigehalt von 110–151 ppm (= parts per million; der heutige Durchschnitt beträgt 5–14 ppm). Obgleich er nicht so hoch war wie bei dem Franklin-Seemann vom Booth Point, lag auch dieser Bleigehalt um ein Vielfaches über dem Normalwert. Torrington mußte unter ernsten geistigen und körperlichen Krankheitssymptomen gelitten haben, die durch eine Bleivergiftung hervorgerufen worden waren. Dadurch bereits geschwächt, mußte er schließlich einer Lungenentzündung erlegen sein. Daß das Skelett vom Booth Point einen noch höheren Bleigehalt aufwies, mochte daran liegen, daß der 1981 gefundene Franklin-Seemann gut zwei Jahre länger als Torrington gelebt und sich während des weiteren Verlaufs der Expedition noch zusätzlich Blei in seinem Körper abgelagert hatte.

Für Beatties Forschungen war eine Analyse der Haare besonders wichtig. Man verwandte dafür 10 cm lange Haarsträhnen aus der Nackenpartie. Das Haar war lang genug, um über die Höhe der Bleiaufnahme während der ersten acht Monate der Franklin-Expedition Auskunft geben zu können. Beattie war über die Ergebnisse des sorgfältig kontrollierten Tests verblüfft. Der Bleigehalt im Haar überstieg den Wert von 600 ppm, ein sicherer Beweis für eine akute Bleivergiftung. Nur in den letzten paar Zentimetern sank der Bleispiegel, wenn auch nur leicht. Dies entsprach einer verminderten Nahrungsaufnahme in den letzten vier bis acht Wochen seines Lebens, als Torrington bereits schwer krank war.

Wenn man die Informationen, die sich aus der Art von Torringtons Beisetzung gewinnen lassen, die neuen Erkenntnisse über seine körperliche Verfassung und seine Krankheit sowie zeitgenössische Berichte über andere Beerdigungen in der Arktis kombiniert, lassen sich seine letzten Lebenstage, sein Tod und sein Begräbnis mit einiger Genauigkeit rekonstruieren.

Zweifellos muß John Torrington in den letzten Wochen vor seinem Tod gewußt haben, wie es um ihn stand. Beatties Nachforschungen ergaben, daß die Gesundheit des Maats nie sehr stabil gewesen war, aber seit Ende Dezember 1845 ging es ihm ganz schlecht. John Torrington lag im Sterben.

Acht Monate zuvor hatte er auf der *Terror* angeheuert, zweifellos mit den schönsten Hoffnungen. Äußerlich muß er noch einen völlig gesunden Eindruck gemacht haben, als die Expedition Ende Juli/Anfang August einigen Walfängern begegnete, denn anderenfalls hätte man ihn nach Hause geschickt. Es scheint so, als sei die Krankheit im September plötzlich ausgebrochen, etwa zu der Zeit, als Franklins Schiffe für den Winter einige hundert Meter vor der Nordostecke von Beechey Island vor Anker gingen.

Es war eine schleichende und sich hinschleppende Krankheit. Die ersten Anzeichen jener tödlichen Kombination aus Emphysem, Tuberkulose und Bleivergiftung mögen Appetitlosigkeit, Reizbarkeit, Konzentrationsschwäche, Kurzatmigkeit und Müdigkeit gewesen sein. Wahrscheinlich hat Torrington seinen Dienst noch bis Mitte oder Ende November versehen, bevor man ihn auf die Krankenstation schickte. Daß sein Körper keine durchgelegenen Stellen aufwies, deutet darauf hin, daß Torrington auf Anweisung des Schiffsarztes zumindest noch im Dezember mehrmals am Tag kurze Spaziergänge unter Deck gemacht hat. Dort konnte er sich mit Freunden unterhalten und von Zeit zu Zeit – solange es seine Krankheit zuließ – in die Dunkelheit des arktischen Winters hinausstarren, auf die öden schneebedeckten Felsen von Beechey Island.

Torringtons Zustand wird sich über Weihnachten dramatisch verschlechtert haben. Sein Verhalten mag unberechenbar geworden sein, mit plötzlichen Stimmungsumschwüngen, die den Schiffsärzten Alexander Macdonald und John Peddie einige Sorgen bereitet haben dürften.

Es ist nicht anzunehmen, daß diese Männer mit dem Wissen und den Untersuchungsmöglichkeiten ihrer Zeit die wahre Ursache der Krankheit geahnt haben. Alles, was sie für Torrington tun konnten, war, dafür zu sorgen, daß er gut zu essen bekam und es einigermaßen bequem hatte. Aber trotz ihrer Bemühungen wird er ständig an Gewicht verloren haben, bis hin zur Unterernährung. Wahrscheinlich kam dann in den letzten Tagen des Jahres 1845 noch eine Lungenentzündung hinzu; ein besorgniserregender Umstand, stellte man seinen ohnehin schlechten Gesundheitszustand in Rechnung. Torrington sollte niemals mehr in die arktische Nacht hinausschauen.

Irgendwann in den letzten Tagen vor seinem Tod mag Torrington seine wenigen Besitztümer einem seiner Kameraden anvertraut haben, der ihm versprechen mußte, sie seinem Vater und seiner Stiefmutter auszuhändigen, sobald die Expedition durch die Nordwestpassage in die Beringstraße gesegelt und von dort im Triumph nach England zurückgekehrt sein würde. Kurz vor seinem Ende wird der 21jährige Seemann ins Delirium verfallen und nach kurzer Leidenszeit am Neujahrstag gestorben sein.

Die Nachricht vom ersten Todesfall der Expedition sprach sich vermutlich schnell unter der Mannschaft der *Terror* herum, und der Arzt wird Kapitän Francis Crozier benachrichtigt haben. Kurz darauf werden auch die Männer der *Erebus*, als erster Franklin, über John Torringtons Tod unterrichtet gewesen sein. Sicherlich haben sich die Schiffsärzte über die mögliche Todesursache ihre Gedanken gemacht, wahrscheinlich über die schleichende und fortschreitende Verschlechterung seines Zustandes debattiert, bevor sie zu dem Schluß kamen, daß eine Lungenentzündung, kompliziert durch eine latente Tuberkulose, den Tod herbeigeführt habe. Eine Autopsie wurde nicht in Betracht gezogen.

Torringtons Leichnam wurde dann unter Deck, wo die Temperaturen ständig um + 10° Celsius lagen, sorgfältig gewaschen und zurechtgemacht. Es war der 1. Januar, aber sein Tod überschattete jede Neujahrsfeier.

Nachdem Torringtons Leichnam gewaschen war, bekleidete man ihn mit Hemd und Hose. Dann band einer von ihnen einen Baumwollstreifen in Höhe der Ellbogen um Körper und Arme und verknotete ihn auf der Vorderseite; der andere band Baumwollstreifen um die großen Zehen, Fußgelenke und Oberschenkel. An Deck, im Schutz einer Segeltuchplane, mit der man das Schiff gegen Schnee und Kälte zeltartig abgedeckt hatte (wahrscheinlich lag die Temperatur um – 10° Celsius), begannen der Schiffszimmermann Thomas Honey und sein Maat Alexander Wilson, sorgfältig einen Sarg zu zimmern, nachdem Macdonald ihnen Torringtons Maße genannt hatte. Sie benutzten dazu Mahagonibretter von 1,9 cm Dicke und 30,5 cm Breite. Deckel und Boden des Sarges bestanden je aus drei Teilen: einem langen Mittelbrett und zwei entsprechend zugeschnittenen Seitenbrettern. Das Ganze wurde durch Dübel zusammengehalten. Der Kasten war aus dem gleichen Holz gearbeitet. Die Rundungen in Schulterhöhe entstanden durch Einkerbung (hierfür wurden über die gesamte Breite des Brettes parallel verlaufende Schnitte angebracht, so daß man das Brett anschließend biegen konnte, ohne daß es brach). Boden und Seitenbretter wurden mit Vierkantnägeln verbunden.

Dann umkleidete man Sargdeckel und -kasten mit marineblauem Wollstoff, der mit schmalen weißen Baumwollbändern an den Kanten befestigt wurde. Torringtons Kameraden hatten sich unterdessen größte Mühe gegeben, die beschriftete Platte herzustellen, die auf dem Sargdeckel aufgebracht werden sollte. Nun mußten die Zimmerleute nach den Anweisungen eines der Leutnants noch das Kopfbrett mit der entsprechenden Inschrift anfertigen.

Danach marschierte eine kleine Gruppe, bewaffnet mit Hacken und Schaufeln, die paar hundert Meter zur Insel hinüber. Etwas oberhalb der Schmiede des Waffenmeisters entfernten sie mit Füßen und Schaufeln eine dünne Schneeschicht am Ufer. Franklin hatte eine ordnungsgemäße Beisetzung befohlen, die – soweit es die Umstände zuließen – derjenigen entsprach, wie sie Torrington in seiner Heimatstadt Manchester zuteil geworden wäre. Die Arbeit muß im Licht der Laternen zermürbend und schwierig gewesen sein. In der Dunkelheit sprühten die Eispickel auf dem eisenharten Boden Funken. Als die Seeleute schließlich darangingen, die Grabsohle zu glätten, hatten sie eine Tiefe von 1,45 m erreicht.

Die Vorbereitungen für John Torringtons Begräbnis mögen ein bis zwei Tage in Anspruch genommen haben. Aber schließlich wurde der schmale Sarg an Tauen über die Schiffswand auf das Eis hinabgelassen, auf einem Schlitten festgezurrt und sicherlich mit einer Flagge bedeckt.

Ein paar seiner Kameraden ergriffen die Schlittenseile und begannen, ihn über Eis und Schnee zum Grab zu ziehen. Nach Beatties eigenen Erfahrungen auf King William Island muß es ein mühseliger, über Eisschollen und -barrieren führender Zick-Zack-Marsch gewesen sein.

Ihnen folgte eine kleine Prozession: Arbeitskameraden und Freunde Torringtons von der *Terror*, an ihrer Spitze Sir John Franklin, Kapitän Francis Crozier, Commander James Fitzjames und einige Offiziere der *Terror*.

Irgend jemand trug das hölzerne Kopfbrett – eine Erinnerung nicht nur an Torrington, sondern am Ende an die gesamte Expedition.

Eine dünne Schneeschicht, die Beattie und seine Mitarbeiter auf dem Sargdeckel fanden, zeigt, daß es an jenem Tag Anfang Januar 1846 leicht geschneit hat. Die Männer, die auf den Schiffen geblieben waren, mögen verfolgt haben, wie die Prozession Mann für Mann im Schneetreiben verschwand. Bald wird man nur noch den Schein ihrer Laternen gesehen haben, die wie Glühwürmchen den Trupp umschwärmten. Dann verschwanden auch sie.

Wahrscheinlich übernahm Sir John Franklin den zeremoniellen Teil. Er war ein tiefreligiöser Mann. Vor der Abfahrt hatte er bei der britischen Admiralität 100 Bibeln, Gebetbücher und Neue Testamente angefordert, die zum Selbstkostenpreis an Bord verkauft werden sollten.

Der Schnee, ein wirbelnder Schleier im gelben Lampenlicht, umhüllte die Gruppe am Grab. Torringtons Sarg wurde in das Grab hinabgelassen. In der beißenden Kälte wird jeder Atemzug Franklins sichtbar gewesen sein, während seine Worte in dem eisigen, alles durchdringenden Wind untergingen, der beständig auf Beechey Island weht.

Seine Grabrede wird kurz, aber ehrfürchtig und aufrichtig gewesen sein. Die Zeremonie war schnell vorüber. Man wandte sich bereits innerlich von dem jungen Mann ab, der erst vor ein paar Monaten in Woolwich bei London als relativ gesunder Bursche in Franklins Mannschaft aufgenommen worden war.

Genaugenommen hatte Torringtons Tod nichts Spektakuläres an sich, aber die Bestätigung eines abnorm hohen Bleigehaltes in seinen Knochen war für den gesamten Verlauf der Expedition von Bedeutung. Mit dieser These betrat Beattie Neuland.

Der aufsehenerregende Nachweis einer Bleivergiftung bei Torrington wie bei dem am Booth Point gefundenen Skelett bestärkte Beattie in seiner Vermutung. Man mußte sich von der romantischen und gängigen Version trennen, daß allein Skorbut und Hunger die Männer hinweggerafft hatten. Die medizinischen Befunde, die die Untersuchung Torringtons ergeben hatte, eröffneten völlig neue Perspektiven nicht nur für den Verlauf dieser, sondern auch anderer Expeditionen des 19. Jahrhunderts. Beattie mußte daher versuchen, so viel Beweismaterial wie nur möglich zusammenzutragen. Je größer die Zahl der Toten war, bei denen sich eine Bleivergiftung nachweisen ließ, um so wahrscheinlicher wurde es, daß dies auf die gesamte Mannschaft der Franklin-Expedition zutraf.

So unterstrichen die Forschungsergebnisse des Jahres 1984 nur, wie wichtig es war, nach Beechey Island zurückzukehren, um die Ursache für Hartnells und Braines Tod aufzuklären. Daneben galt es, nach Möglichkeit festzustellen, unter welchen Bedingungen die Expedition die Jahre 1845/46 verbracht hatte, und die letzten Monate und Tage im Leben der drei auf Beechey Island beigesetzten Männer zu rekonstruieren. Ihre Körper boten die einmalige Gelegenheit, einen Blick auf die britische und kanadische Geschichte zu werfen – eine dreidimensionale Geschichte, repräsentiert durch die einzigen „Überlebenden“ der Franklin-Expedition.

Nachdem die Feldarbeit 1984 abgeschlossen und Berichte vom Auffinden John Torringtons und John Hartnells veröffentlicht worden waren, meldeten sich bei Beattie zwei entfernte Verwandte von Hartnell. Donald Bray aus Croydon, England, zeigte sich höchst erstaunt über den Zeitungsbericht, in dem der Name eines seiner Vorfahren genannt wurde. Bray, ein pensionierter Postbeamter, hatte jahrelang Familienforschung betrieben und war im Besitz einzigartiger Briefe und Dokumente, die aufregende Einzelheiten über Hartnells Familie und sein Leben enthielten.

Besonders ergreifend waren zwei Briefe an John und Thomas Hartnell, einer von ihrer Mutter Sarah, der zweite von ihrem Bruder Charles. Briefe, die die beiden Seeleute auf ihrer Reise durch die Nordwestpassage grüßen sollten. Die beiden Männer haben diese Briefe, datiert vom 23. Dezember 1847, nie erhalten. John Hartnell war zu diesem Zeitpunkt bereits fast zwei Jahre tot. Thomas starb wahrscheinlich im darauffolgenden Sommer auf King William Island.

„Meine lieben Kinder", schrieb Sarah Hartnell, „es ist mir eine große Freude, daß ich die Möglichkeit habe, Euch schreiben zu können. Ich hoffe, es geht Euch gut. Natürlich gibt es Augenblicke, in denen ich mir große Sorgen um Euch mache, aber ich bemühe mich, auf Gott zu vertrauen, der zu gnädig ist, als daß er herzlos sein könnte ..." Nach ein paar Worten über ihre Krankheit und Neuigkeiten über Familie und Freunde schließt der Brief: „So Gott will, werden wir uns eines Tages auf Erden wiedersehen. Wenn aber nicht, so gebe Gott, daß wir uns alle um Seinen Thron versammelt wiederfinden, um Ihn in alle Ewigkeit zu preisen." Vielleicht ahnte Sarah, wie Eltern dies manchmal tun, daß ihre Söhne den Tod finden würden.

Ein anderer Verwandter John Hartnells sollte zusammen mit drei weiteren Spezialisten Beatties wissenschaftliches Team begleiten, als er 1986 die Feldarbeit wieder aufnahm. Brian Spenceley, Professor an der Lakehead University in Thunder Bay, Ontario, ein Urgroßneffe Hartnells, sollte sehr bald eine Erfahrung machen, wie sie noch kein Mensch vor ihm gemacht hatte: einem Verwandten ins Gesicht zu blikken, der bereits mehr als ein Jahrhundert tot war.

11
DIE ZWEITE BEGEGNUNG MIT DEM MANN IM EIS

Als er aus der Twin Otter auf den schneebedeckten Boden von Beechey Island sprang, war Beattie eine Zeitlang von dem hellen, sonnigen Himmel und den vom weißen Grund reflektierten Sonnenstrahlen völlig geblendet. Erst ganz allmählich erkannte er ein paar markante geographische Punkte und die drei kleinen Kopfbretter der Gräber, die aus dem Schnee herausragten und ihm bestätigten, daß er wieder auf der Insel war, die so viele Erinnerungen barg.

Diesmal wollte Beattie seine Untersuchungen auf dem „Friedhof" zum Abschluß bringen. Ein Teil des Forschungsteams kam am 8. Juni 1986 mit ihm zusammen aus Resolute. Diese Gruppe – der Archäologe Eric Damkjar, Brian Spenceley als Projektfotograf, der historische Berater Dr. Jim Savelle (der schon während der Feldsaison 1981 mit Beattie zusammengearbeitet hatte und nun als Forscher am Scott Polar Research Institute tätig war) und die Feldassistenten Arne Carlson, Walt Kowal und Joelee Nungaq – sollte das Lager errichten und anschließend die detaillierten archäologischen Arbeiten und die Exhumierung vornehmen. Eine zweite Gruppe von Spezialisten – der Pathologe Dr. Roger Amy, der Radiologe Dr. Derek Notman, der technische Radiologe Larry Anderson und eine Spezialistin für arktische Bekleidung, Barbara Schweger – sollte eine Woche später nachkommen.

Beattie begann 1986 mit der Feldforschung zu einer früheren Jahreszeit als 1984, da er den Problemen entgehen wollte, die seinerzeit durch das Schmelzwasser entstanden waren. Aber als die Temperaturen noch im Juni unter der Frostgrenze blieben und tagelang ein kalter Wind über die Insel fegte, der die Temperaturen noch weiter sinken ließ, wurde es für die Forscher doch etwas ungemütlich.

Jeder faßte mit an, um das Camp rasch aufzubauen, das aus der üblichen Ansammlung von Einzel- und Gemeinschaftszelten bestand.

Hinzu kam diesmal ein 5m hoher Fahnenmast, an dem die leuchtend rotweiße kanadische Flagge gemeinsam mit der Flagge der Northwest Territories im Wind flatterte. Beattie war in Gedanken jedoch bereits ganz woanders. Seit zwei Jahren beschäftigte ihn ein Problem – eine Frage, die ihm fast jeder gestellt hatte, mit dem er über seine Arbeiten auf Beechey Island gesprochen hatte: Gab es eine Garantie dafür, daß die Körper John Torringtons und John Hartnells nach ihrer erneuten Beisetzung 1984 wieder vom Eis eingeschlossen worden waren? Die Theorie, daß das Schmelzwasser des Sommers in die wiederhergestellten Gräber sickern, in die Särge eindringen und dann gefrieren würde, war zwar einleuchtend und logisch. Doch Beattie fragte sich, ob das Ganze wirklich so einfach war. Die Exhumierung John Torringtons war 1984 abgeschlossen gewesen. Hier konnte eine Überprüfung seiner Theorie nicht mehr erfolgen. Dafür würde die Exhumierung der Leiche John Hartnells, die bereits 1852 und ein zweites Mal 1984 freigelegt worden war, seine Frage bald beantworten.

Wieder wurde über dem Grab ein Zelt errichtet, um die Ausgrabungsarbeiten vor Wind und Wetter zu schützen. Wie zuvor war das Aufgraben des Bodens sehr schwierig. Kowal, Carlson, Savelle und Nungaq arbeiteten im ständigen Wechsel 24 Stunden lang, bis sie Hartnells Sarg endlich freigelegt hatten. Der Prozeß als solcher war inzwischen zur Routine geworden. Einer arbeitete mit dem Eispickel, bis ihn entweder der Schmerz in seinen Händen oder die Ermüdung seiner Arme zu einer Pause zwangen. Dann schaufelten die nächsten das losgeschlagene Eis und Geröll in Eimer und reichten diese nach draußen, wo sie dann von einem weiteren Mitarbeiter auf den ständig wachsenden Berg aus „Grab-Erde“ geleert wurden.

Als der Sargdeckel schließlich freigelegt und die Umrisse des Sarges zu erkennen waren, legte die Gruppe eine Pause ein, um das Eintreffen der Spezialisten abzuwarten. Bis zu diesem Punkt war die Ausgrabung nur eine Wiederholung der bereits 1984 durchgeführten Arbeiten. Der nächste Schritt jedoch, das Entfernen des Sargdeckels, würde endlich die Frage beantworten, ob sich das Eis wieder um den Körper geschlossen hatte. Damit begannen die Forschungsarbeiten des Jahres 1986.

Während der Unterbrechung der Exhumierungsarbeiten gingen Beattie und Damkjar zu dem Konservendosen-Depot, um eine genauere Untersuchung vorzunehmen. Zwei Tage lang zeichneten sie äußerst gründlich auf, was von den Dosen übriggeblieben war. Von den ursprünglich vielleicht 700 fanden sie nur noch die Reste von weniger als 150: Dosen sind leicht zu transportierende, erkennbare und begehrte Fundstücke für Amateurarchäologen und Sammler. Über Jahrzehnte hatten sie diese Informationsquelle geplündert. Keiner der Behälter war noch intakt; von den meisten waren nur noch Bruchstücke vorhanden. Aber es war wenigstens jeder Dosenteil vertreten, einschließlich der Lötstellen.

Das Gebiet, über das die Dosen verstreut lagen, wurde mittels einer Schnur in Quadrate eingeteilt und mit einem Fixpunkt verbunden. Jeder Quadratmeter dieses Gitternetzes wurde fotografiert und erforscht, und jedes Dosenfragment lokalisiert und beschrieben. Alle größeren und besonders gut erhaltenen Stücke wurden einzeln fotografiert. Proben von „gewöhnlichen" Dosen wurden für spätere Untersuchungen eingesammelt, ebenso einige Fragmente, an denen man die schlechte Verlötung und Verarbeitung besonders gut erkennen konnte. Am zweiten Tag wurden Beattie und Damkjar bei ihrer Arbeit von Nungaq unterbrochen, der auf das Eis der Union Bay hinausgewandert war. Er kam schnell ausschreitend über die Landzunge auf sie zu, wobei er seinen Hund Keena fest an der Kette hielt. „Da hinten kommt ein Bär", warnte er, als er die Anhöhe hinauftrabte. „Da drüben; er kommt direkt auf uns zu!" Ihr Interesse an den Dosen ließ schlagartig nach. Beattie und Damkjar spähten mit zusammengekniffenen Augen über die blendende Eisfläche. Dann sah ihn Beattie: Der Bär hatte den Kopf gesenkt und schien stillzustehen, obgleich sein Körper leicht von einer Seite auf die andere pendelte. Dieser kurze Blick genügte, um ihn an etwas zu erinnern: Sein Fluglehrer hatte ihm einmal gesagt: „Wenn du ein Flugzeug auf dich zukommen sieht und es bewegt sich, dann passiert nichts – behalte es nur im Auge. Aber wenn es den Eindruck erweckt, als stünde es still, kommt es geradewegs auf dich zu." Diese Regel galt offensichtlich auch für Bären, und obgleich er sicher noch einen Kilometer entfernt war, sah er sehr groß aus! Wenig später rannten alle drei zum Lager zurück, mit um den Hals baumelnden Kameras und fest an sich gepreßten Notizbüchern, Stativen und Schrotflinten: Sie wollten weder ihre teure Fotoausrüstung noch ihre Aufzeichnungen als Spielzeug für den Bären zurücklassen. Auf halbem Weg zum Lager drehten sie sich um und sahen, wie der Bär die Landzunge in einem langsamen, zielstrebigen Trott überquerte. Sie atmeten erleichtert auf, als sie sahen, wie er einen Moment stehen blieb, prüfend die Luft einsog und dann über die Erebus Bay in Richtung Devon Island weiterwanderte.

Die Twin Otter mit Amy, Notman, Anderson und Schweger brummte endlich über das Lager hinweg. Beattie sah, daß man unter die Tundra-Räder des Flugzeugs Schneekufen montiert hatte. Die dünne Schneeschicht, die die Insel bedeckte, ließ eine Landung nicht zu; das Flugzeug mußte vor der Insel auf der vereisten Erebus Bay heruntergehen. Das bedeutete, daß sie das ganze Gepäck – mehr als die Hälfte der insgesamt 1500 kg – über das Eis und den Strand hinauf bis zum Lager schleppen mußten. Nach einer kurzen Begrüßung sah das 11köpfige Team zu, wie die Twin Otter wieder davonflog, und widmete sich dann zwei Stunden lang dem Transport der Sachen.

Die Exhumierungsarbeiten wurden wieder aufgenommen. Zunächst schaufelte man an der rechten Seite des Sarges einen Arbeitsplatz frei. Dadurch wurde diese Seite des Sarges erstmals freigelegt. Sofort entdeckten sie etwas sehr Interessantes: Seitlich am Sarg angeordnet befanden sich drei „Griffe". Aber dies waren keine echten Handgriffe wie an Torringtons Sarg. Vielmehr waren sie aus demselben weißen Leinenband gefertigt, das die Kanten des Sarges schmückte und nur symbolischer Natur.

Wie schon 1984 benutzte das Team warmes Wasser, um den Prozeß des Auftauens zu beschleunigen. Da es auf der Insel um diese Zeit kein fließendes Wasser gab, entwickelte Kowal eine höchst wirkungsvolle Methode, Schnee zu schmelzen, und schuf so eine konstante, wenn auch nicht gerade üppig sprudelnde Wasserquelle. Er erhitzte jeweils zwei Eimer Schmelzwasser auf Petroleumöfen im angrenzenden Autopsie- und Röntgenzelt. Sobald das Wasser heiß genug war, trug Kowal die beiden Eimer zu Carlson und Nungaq hinüber, die das Wasser langsam auf den in dunkelblauen Stoff geschlagenen Sarg gossen. Wenn sich zu viel Wasser auf dem Boden des Grabes angesammelt hatte und die Weiterarbeit unmöglich machte, wurde eine elektrische Saugpumpe hinabgelassen. Das aus dem Grab herausgepumpte Wasser wurde dann durch einen Schlauch aus dem Grabungsbereich hinausgeleitet. Beattie schien das Auftauen sehr viel langsamer zu gehen als 1984, was wahrscheinlich mit der früheren Jahreszeit zusammenhing. Obgleich sie die Temperatur des Permafrost weder 1984 noch 1986 maßen, gewannen sie den Eindruck, daß diese im Juni durchgehend in jeder Tiefe niedriger war als im August.

Nachdem der gesäuberte Sarg fotografiert und vermessen worden war (203,5 cm × 48 cm × 33 cm Tiefe), ging man an die viel Fingerspitzengefühl erfordernde Arbeit, den bereits beschädigten Sargdeckel von seinem Untergrund zu lösen und abzunehmen. Als dies schließlich gelungen war, sahen Beattie und Carlson sofort, daß Hartnells rechter Arm und sein Gesicht wieder vollständig vom Eis eingeschlossen waren. „Das Wasser ist also wieder hineingelaufen", stellte Beattie erleichtert fest. Seine Frage war beantwortet. Während er vor Hartnells eisgeschütztem Körper stand, dachte Beattie an John Torrington, der nur ein paar Schritte entfernt lag. Jetzt war er beruhigt, daß der natürliche Prozeß der Vereisung, der es ihnen erlaubt hatte, im Sommer 1984 einen kurzen Blick auf den jungen Maat zu werfen, die Zeit für ihn abermals aufgehoben hatte.

Damkjar, der mit den anderen am oberen Ende des Grabes stand, wies darauf hin, daß das Eis um Hartnell herum völlig verfärbt war. In der Mitte des Blocks, dort wo Hartnells Brust sein mußte, war das Eis nicht weiß wie bei Torrington, sondern eher bräunlich, fast marmoriert.

Man begann jetzt, den Körper freizulegen. Das warme Wasser enthüllte schnell die Umrisse des Gesichtes des Seemannes. Für Spenceley, Hartnells Urgroßneffen, war dies ein überwältigendes Erlebnis. Er stand am Rand des Grabes und sah stumm über eine zeitliche Distanz von 140 Jahren hinweg auf einen Angehörigen seiner Familie.

Es schien, als sei in den vergangenen zwei Jahren keine größere Veränderung am Körpergewebe eingetreten. 1984 hatte man festgestellt, daß Hartnells linkes Auge gut erhalten war, während das rechte beschädigt zu sein schien. Die Verletzung konnte zu seinen Lebzeiten oder kurz nach seinem Tod eingetreten sein. In Inglefields Bericht über die Exhumierung Hartnells, die er und Sutherland 1852 durchgeführt hatten, war keine Beschädigung des Auges erwähnt. Beattie stellte 1986 sofort fest, daß nicht nur Hartnells rechtes Auge geschrumpft war, sondern auch das linke Anzeichen für einen Schrumpfungsprozeß aufwies. Danach sah es so aus, als bewirke ein selbst kurzzeitiges Auftauen des Körpers bereits Veränderungen an den Augen, während das übrige Gewebe davon nicht berührt wurde. Mit anderen Worten: Die Exhumierung Hartnells im Jahre 1852 hatte wahrscheinlich die Veränderung am rechten Auge verursacht. Die Tatsache, daß das linke Auge den Forschern 1984 normal erschienen war, sprach dafür, daß Inglefield und Sutherland die linke Gesichtshälfte nicht freigelegt hatten.

Als das Eis um Hartnell herum schmolz, sah man, daß er von den Schultern abwärts in ein weißes Leinentuch gehüllt war. Durch einen

Riß konnte man den zerfetzten Hemdsärmel an seinem rechten Arm sehen. Außerdem schienen während der Exhumierung 1852 Teile des Sargdeckels gewaltsam in die rechte Seite seines Brustkorbes hineingetrieben worden zu sein. Als das Eis noch weiter weggetaut war, zeigte sich, daß auch Hemdsärmel und Unterhemd mit einer Schere oder einem Messer zerschnitten worden waren. Offensichtlich hatte Sutherland, um Hartnells Arm vollständig freizulegen, das Leichentuch sowie seine Kleidung aufgeschnitten. Dies zeigte, daß sich die Untersuchung Hartnells 1852 nur auf sein Gesicht und den rechten Arm beschränkt hatte. Es wäre zu schwierig gewesen und hätte Sutherland zuviel Zeit gekostet, mehr zu tun.

Hartnells Kopf, auf dem er eine enganliegende, randlose Kappe trug, ruhte auf einem kleinen, mit Holzspänen gefüllten Zierkissen. Das Eis, das seinen Körper einschloß, wurde so lange aufgetaut, bis Hartnell völlig frei lag. Bevor die Forscher irgend etwas veränderten, wurde der in das Leintuch gehüllte Körper eingehend beschrieben und fotografiert. Dann ging man daran, den Körper aus dem Leichentuch zu schälen, was viel Zeit kostete, da der Stoff noch gefroren war und erst weiter aufgetaut werden mußte.

Als Hartnell aus dem Tuch gewickelt wurde, kamen zunächst sein linker und dann sein rechter Arm zum Vorschein. Wie bei Torrington hatte man beide am Körper festgebunden. Nur hatte man diesmal hellbraune Wolle dazu verwandt. Außerdem lag seine rechte Hand außen auf dem Band. Es war klar, daß Sutherland den rechten Arm herausgezogen und, nachdem er seine Untersuchung beendet hatte, die Hand nicht wieder unter das Band geschoben hatte.

Hartnells blauweiß gestreiftes Hemd war vom Muster her dem Torringtons sehr ähnlich, nur waren die Streifen nicht aufgedruckt, sondern eingewebt (ein sehr viel wertvollerer Stoff). Es war wie ein Pullover geschnitten. Ein paar Knöpfe fehlten, und die entsprechenden Knopflöcher waren zugenäht worden. Im unteren Teil des Hemdes waren in Rot ein Monogramm und die Jahreszahl 1844 eingestickt. Die Buchstaben lauteten: „TH"; es kann daher sein, daß das Hemd seinem älteren Bruder und Schiffskameraden Thomas gehört hatte.

Unter dem Hemd trug er ein wollsweaterähnliches Unterhemd und darunter noch ein Baumwollhemd. Dagegen trug er weder Hose, Strümpfe noch Schuhe.

Beattie und Schweger wunderten sich darüber, daß Hartnell oben herum drei Kleidungsstücke übereinander trug, von der Taille abwärts dagegen nackt war. Sie vermuteten, daß man den Leichnam möglicherweise vor der Beerdigung an Bord der *Erebus* aufgebahrt hatte, wobei der Unterkörper mit dem Leichentuch bedeckt war.

Hartnells Beine und Füße waren leicht dunkel gefärbt und – teils als Folge seiner Krankheit, teils als Folge des Einfrierungsprozesses – stark zusammengeschrumpft und ausgemergelt. Wie bei Torrington waren seine großen Zehen zusammengebunden. Um Hartnell kurzzeitig für eine Röntgenuntersuchung und Autopsie aus dem Grab herausheben zu können, wurde das Leichentuch völlig zurückgeschlagen und seine Kappe abgenommen, so daß sein volles dunkelbraunes, fast schwarzes Haar zum Vorschein kam, das er auf der linken Seite gescheitelt trug. Ohne Kappe verlor er viel von seinem düsteren Aussehen, wie er sich den Wissenschaftlern 1984 dargeboten hatte. Statt dessen entpuppte er sich als ein junger Mann, der unter geheimnisvollen Umständen am 4. Januar 1846 im Alter von 25 Jahren gestorben war.

Nun begann die schwierigste und unerfreulichste Phase der Ausgrabung. Während Hartnell im Sarg lag – anscheinend bereit, vorsichtig herausgehoben zu werden – war sein Körper noch immer tiefgefroren und mit der darunterliegenden Eismasse fest verbunden. Langsam und behutsam mußte Wasser unter den Körper gebracht werden, um ihn Millimeter für Millimeter loszueisen. Das ewige Eis hatte ihn derart fest im Griff, daß es nicht ohne Kampf abgehen würde. Schließlich gewannen die Wissenschaftler die Schlacht, und der Körper kam frei.

Bevor man Hartnell aus dem Sarg hob, nahm man ihm den rechten Daumennagel ab sowie Proben von seinem Kopfhaar, Bart und Schamhaar, die später untersucht und analysiert werden sollten. Dann hoben Beattie, Carlson und Nungaq den Körper aus dem Grab auf ein weißes Leinentuch, in das er sofort eingeschlagen wurde. Hartnell wurde drei Meter weiter in das Autopsie- und Röntgenzelt getragen, wo Notman und Anderson bereits warteten, um eine Reihe Röntgenaufnahmen von ihm zu machen, während er noch angekleidet war. Am Boden des Sarges waren noch immer das Leichentuch sowie eine darunter liegende, zusammengefaltete Wolldecke festgefroren. Damkjar war die nächsten beiden Tage damit beschäftigt, sie ebenfalls herauszulösen. Als er es endlich geschafft hatte, wurden sie Schweger zur Analyse und Aufbewahrung übergeben.

Notman und Anderson hatten bereits ihre „Röntgenkabine" innerhalb des Autopsie-Zeltes aufgebaut. Als nächstes mußte ihre Dunkelkammer errichtet werden. Beattie hatte ihnen bereits vor Monaten die

Innenmaße des Langhauszeltes genannt, und davon ausgehend hatten sie eine einzigartige, zusammenfaltbare und tragbare Dunkelkammer entwickelt. Das Gerüst bestand aus Metallrohr, das zusammengeschraubt wurde. Darüber wurde eine doppelwandige schwarze Plastikplane gezogen (entsprechend zugeschnitten, geformt und mit Klebeband zusammengeklebt), die dann am Boden umgeschlagen wurde. Auf einer Seite hatten sie aus demselben Plastikmaterial eine sich doppelt überlappende Tür eingearbeitet, die jeden Lichteinfall ausschloß. Innerhalb der Dunkelkammer hingen eine automatische Stoppuhr sowie eine batteriebetriebene Dunkelkammerlampe.

Kowal half bei der Herstellung von 500 l sauberem, gefiltertem Schmelzwasser, das man für die Entwicklung der Röntgenfilme benötigte. Im Zelt brannten ständig vier große Coleman-Öfen, und Kowal brachte eimerweise Schnee herein, um ihn zu schmelzen. Wenn ein Eimer voll war, wurde das Wasser durch einen feinen Filter direkt in große Plastikmülleimer geschüttet, die sie als Chemikalienbehälter mitgebracht hatten. Als alle Gefäße schließlich mit Wasser gefüllt waren (was einen ganzen Tag in Anspruch nahm), mischte Anderson sein Entwicklungsbad. Er baute Holzrahmen für die Entwicklung der Röntgenaufnahmen und ließ sie in die Gefäße hinab. Danach wurde eine 200-Watt-Aquariumheizung in die Flüssigkeit getaucht, die die Wassertemperatur auf die für eine gezielte Entwicklung notwendigen 20° Celsius bringen sollte.

Das Röntgengerät war ein bemerkenswert kompaktes, aber leistungsstarkes Instrument, das auf vier Stahlrohrfüße montiert war. Da es zu empfindlich war, um es als normales Frachtgut vom Krankenhaus des Park Nicollet Medical Centre in Minneapolis aus zu verschicken, hatten Notman und Anderson ihm eine Flugkarte gekauft, und jedermann amüsierte sich köstlich, als sie erzählten, wie das Gerät, dessen Name auf dem Flugschein mit „Fragile Bulky Notman“ angegeben war, während des Fluges nach Kanada vorn in der 1. Klasse des Northwest Orient Flugzeuges „gesessen“ hatte, während sie selbst hinten in der Economy-class mitflogen.

Bei der Arbeit mußte das Gerät über den Körper gehoben und seine Beine fest im Geröll verankert werden. Dann wurde ein Punktstrahler an der Unterseite des Apparates eingeschaltet, der die zu röntgende Stelle markierte, bevor die Röntgenplatte unter den Körper geschoben wurde.

Notman und Anderson probierten ihr Röntgengerät zunächst am Schulterblatt eines Eisbären aus, das sie auf einer Kiesbank in der

Nähe der Gräber gefunden hatten. Das Resultat war ermutigend: An dem hochgehaltenen Röntgenbild erklärte Notman den anderen die Einzelheiten der Knochenstruktur des Schulterblattes. Nachdem ihnen zahlreiche Experten gesagt hatten, daß sie aller Wahrscheinlichkeit nach unter den schwierigen Verhältnissen im Feld keine zufriedenstellenden Röntgenbilder erhalten würden, verriet seine Stimme freudigen Triumph und Selbstzufriedenheit. Auch Andersons Gesicht schien auszudrücken: „Nun, man hat sich geirrt. Ich wußte, daß wir es schaffen würden!"

Mit diesem Glauben an den Erfolg gingen Notman und Anderson an die schwierige Aufgabe, den angezogenen John Hartnell zu röntgen. Dort, wo jetzt die Röntgenaufnahmen gemacht wurden, sollte später auch die Autopsie stattfinden. Vor jeder Aufnahme zogen entweder Notman oder Anderson schwere, bodenlange Bleischürzen an. Alle anderen im Zelt Anwesenden stellten sich in einer Reihe hinter sie. Ein lautes „Aufnahme" erscholl und warnte diejenigen, die außerhalb des Zeltes arbeiteten, so daß sie sich in 30 m Entfernung in Sicherheit bringen konnten.

Danach trug Anderson die Röntgenplatte in die Dunkelkammer. 10 bis 15 Minuten später kam er mit der tropfenden Aufnahme heraus und hängte sie mit Klammern an eine Wäscheleine, die über die ganze Länge des Zeltes gespannt war. Er und Notman prüften die Qualität des Bildes und berieten, ob sie irgend etwas an ihrer Technik ändern müßten.

Als die Röntgenuntersuchungen abgeschlossen waren, begannen Notman, Anderson und Amy anhand der aufgehängten Bilder mit einer ersten Untersuchung. Anderson wies sofort auf das erste Röntgenbild: „Er hat einen soliden Eisblock im Kopf." Das gefrorene Gehirn verdunkelte das Röntgenbild, was bedeutete, daß eine weitere Aufnahme nach dem Auftauen erfolgen mußte. Als sie sich den Brustraum ansahen, zeigte Notman auf einen kleinen Gegenstand in der Höhe von Hartnells Genick. „Hier haben wir unser erstes metallenes Objekt," meinte er, „es sieht aus wie die Seitenansicht eines Ringes". Tatsächlich war es der Rahmen eines gestickten Schmuckknopfes. Die Aufnahmen vom Brustraum waren verwirrend, da die inneren Organe uncharakteristisch erschienen und ihre Lage ungewöhnlich war – ein unerwartetes Ergebnis der ersten unter derartigen Umständen gemachten Röntgenbilder. Faktisch war außer den Knochen wenig zu sehen. Wichtige Erkenntnisse konnten aus ihnen nicht gewonnen werden. Beattie fragte sich, ob die Konservierung vielleicht doch nicht so gut war, wie dies auf den ersten Blick schien, jedenfalls nicht gut genug, um auf den Röntgenbildern verwertbare Informationen zu liefern. Notman war von diesen ersten Aufnahmen enttäuscht. Selbst bei den ausgedörrten und ausgeweideten Mumien, die er in der Vergangenheit untersucht hatte, waren auf seinen Röntgenbildern stets bemerkenswerte Einzelheiten herausgekommen. Nur eine Autopsie konnte eine Erklärung liefern.

Es war schwierig gewesen, den bekleideten Körper in die richtige Lage zu bringen. Angesichts der verwirrenden Ergebnisse wollten Notman und Anderson die Aufnahmen noch einmal wiederholen, nachdem der Tote ausgezogen war. Beattie, Amy, Nungaq und Schweger machten sich an die schwierige Aufgabe, Hartnell zu entkleiden. „Wir werden den Patienten bitten müssen, sich hinzusetzen", meinte Amy – die Aufforderung an Beattie und Schweger, den Körper zu stützen, während er versuchte, ihm das Hemd auszuziehen. Selbst unter so außergewöhnlichen Umständen betrachteten Amy, Notman und Anderson die toten Seeleute stets als Patienten, was in ihrer strikt professionellen Haltung bei allen medizinischen Prozeduren und Untersuchungen zum Ausdruck kam. Nach einigen vergeblichen Versuchen, Hartnell das Hemd über den Kopf zu ziehen und von den Armen zu streifen, blieb ihnen nichts anderes übrig, als den Stoff aufzuschneiden. Um den Schaden möglichst gering zu halten, entschloß sich Beattie, die Kleidungsstücke hinten mit einem vertikalen Schnitt aufzutrennen. Auf diese Weise würden eine Überdehnung der Gliedmaßen und die Überstrapazierung des Gewebes vermieden. Als sie die Kleidung endlich herunterbekommen hatten, machten die Wissenschaftler eine wahrhaft erstaunliche Entdeckung.

„Mich laust der Affe, man hat bereits eine Autopsie gemacht! Das darf nicht wahr sein!" rief Amy. „Wir haben hier einen auf dem Kopf stehenden Y-Einschnitt. Das hat es noch nie gegeben, das ist absolut einmalig."

Über Hartnells Brust und Bauch zog sich ein vernähter Einschnitt, der keinen Zweifel daran ließ, daß kurz nach seinem Tod der Arzt der *Erebus*, wahrscheinlich Assistenzarzt Dr. Harry D.S. Goodsir, ein erfahrener Anatom, versucht hatte, die Todesursache festzustellen. Kein Wunder, daß Amy so aufgeregt war. Hier hatte er die einmalige Möglichkeit, die Arbeit eines längst toten Kollegen zu sehen. Im Grunde würde er ihm mit seiner eigenen Arbeit nur assistieren. Der Schiffsarzt der *Erebus* hatte das Ergebnis seiner Autopsie bei seiner Rückkehr nach England mitbringen wollen. Nun sollte es endlich bekannt werden.

Diese wichtige Entdeckung warf die Frage auf: Warum hatte der Arzt eine Autopsie durchgeführt? Was hatte ihn zu seiner Entscheidung veranlaßt? Vielleicht war der Tod John Torringtons von der *Terror*, der drei Tage zuvor gestorben war, mitbestimmend gewesen. Auch mögen sich in Verbindung mit Hartnells Tod Symptome gezeigt haben, die bei den Ärzten Zweifel über die Todesursache hervorriefen. Für Amy war es eine Herausforderung, das Rätsel zu lösen.

Der Standardschnitt bei einer Autopsie ist heute ein „Y", wobei sich die Arme des „Y" von den Schultern herabkommend am Ende des Brustbeines treffen. Von diesem Punkt folgt ein grader Schnitt bis zum Schambein. Bei Hartnells Autopsie war der Schnitt umgekehrt gemacht worden: Die Arme des „Y" begannen in der Nähe der Hüftknochen, trafen sich etwa in Höhe des Nabels, von wo ein grader Schnitt bis zum oberen Ende des Brustbeins reichte. Über die Autopsie-Techniken in der Mitte des 19. Jahrhunderts gab es in der wissenschaftlichen Literatur nicht viele Hinweise. Beattie fragte sich, ob der Schnitt bedeutete, daß sich der Arzt vor allem auf den Darm konzentriert hatte, oder ob sein Vorgehen den damals üblichen Gepflogenheiten entsprach. Amy konnte später Schritt für Schritt rekonstruieren, was der Pathologe seinerzeit getan hatte. Umfang und Richtung seiner Autopsie ergaben, daß er hinsichtlich der Todesursache einen bestimmten Verdacht gehabt haben mußte.

Die Entdeckung, daß eine Autopsie vorgenommen worden war, löste das Rätsel der eigenartigen Röntgenbilder: Der Schiffsarzt hatte die Organe für eine Untersuchung entnommen und dann einfach wieder hineingestopft. Es war daher nicht überraschend, wenn die Aufnahmen eine sinnlose Ansammlung von Organteilen gezeigt hatten. Auch die bräunliche Verfärbung des Eises, die ihnen aufgefallen war, als man den Sargdeckel abnahm, stammte wahrscheinlich vom Blut und irgendwelchen Flüssigkeiten, die durch den Schnitt ausgetreten waren, als das Wasser während des Sommers 1848 in den Sarg sickerte.

Nachdem Notman und Anderson eine zweite Serie von Röntgenbildern gemacht hatten, was noch einmal sechs Stunden dauerte, so daß sie insgesamt 14 Stunden am Röntgengerät gestanden hatten, wollten sie sich zu einer Ruhepause zurückziehen. Aber zunächst einmal kam es anders: Die Röntgenaufnahmen hatten bis tief in die Nacht gedauert, und die meisten Teammitglieder hatten sich bereits in ihre Schlafzelte zurückgezogen. Nur Savelle und Nungaq saßen noch im Küchenzelt und unterhielten sich, während Beattie Notman und Anderson Gesellschaft leistete. Keena, die man als Wache gegen Eisbären mitgenommen hatte, lag außen am Küchenzelt angebunden und winselte in ihrer gewohnten, nervtötenden Art vor sich hin. Plötzlich hörte das Win-

Dr. Harry D. S. Goodsir

seln auf – was an sich schon ungewöhnlich war. Dann begann sie, wie verrückt zu bellen. Die drei Männer sahen sich an. Nie zuvor hatte man sie bellen gehört. Sie mußte schon guten Grund dazu haben: ein Bär! Dann hörten sie das Knallen von Flinten und aus einiger Entfernung den Ruf: „Ein Bar, ein Bär im Lager!" Beattie griff nach der Flinte, die er mit ins Zelt gebracht hatte, und steckte vorsichtig den Kopf hinaus. Das Autopsie- und Röntgenzelt war vom eigentlichen Lager etwa 100 m entfernt. Der Bär stand zwischen ihnen und dem Camp. Notman und Anderson waren inzwischen neben Beattie getreten und schätzten ihre Chancen ab. Beattie hatte nur Kowals Flinte, an die er nicht gewöhnt war – und natürlich klemmte zweimal das Schloß, erst die dritte und letzte Kugel glitt sauber in die Kammer. Notman ergriff in Ermangelung einer anderen Waffe eine Schaufel. Anderson hatte seine Kamera. So bewaffnet blieben sie hinter den Zelten, wo der Bär sie nicht sehen konnte, den die Knallerei und das Geschrei langsam irritierten. Er begann, in Richtung Strand davonzutraben. Als er nur etwa 20 m entfernt an den Gräben vorbeilief, witterte er plötzlich die drei Männer sowie den Leichnam John Hartnells, reckte die Nase in die Luft und blieb stehen. Beattie hatte nur einen Gedanken: „Verdammt! Der kommt hierher!" Aber dann hörte er das Sirren, als drei Kugeln neben dem Bären vom Geröll wegsprangen, was diesen veranlaßte, seinen gemächlichen Rückzug fortzusetzen. Er trottete zum Strand und weiter aufs Eis hinaus. Von diesem Tag an blieb immer einer von ihnen draußen und hielt zusammen mit dem Hund Wache. An den Spuren im Schnee konnte Nungaq erkennen, daß der Bär in der Nähe des Küchenzeltes auf die Insel gekommen war, ein paar Möwen gejagt hatte, zur Vorratskiste neben dem Küchenzelt gewandert war, den Hund bemerkt und beschlossen hatte, mal an ihm zu riechen. Kein Wunder, daß Keena wütend gebellt hatte: Als die Männer schließlich die Köpfe aus den Zelten steckten, um zu sehen, was los war, standen sich Bär und Hund Nase an Nase gegenüber. Keena hatte Glück gehabt, ebenso wie Notman, Anderson und Beattie. Es war für alle ein sehr langer Tag gewesen, aber keiner der Männer konnte danach schlafen.

Nachdem die Röntgenaufnahmen abgeschlossen waren, gingen Amy und Beattie – gekleidet in grüne Chirurgenanzüge, weiße Schürzen und blaue Chirurgenmützen – an die Autopsie. Zuerst wurde Hartnell gemessen und gewogen. Mit 1,80 m und 45 kg war er größer und schwerer als Torrington. Danach öffnete Amy den umgedrehten

„Y"-Schnitt, indem er die Originalfäden durchtrennte. Er entdeckte, daß sein Vorgänger während der Autopsie an der Oberfläche des Brustkorbes mehrere Einschnitte gemacht hatte, bevor er die Rippen erfolgreich voneinander getrennt hatte. Es wurde schnell deutlich, daß Franklins Ärzte ihre Nachforschungen nicht auf den Darm konzentriert hatten, wie der Schnitt zu belegen schien, sondern offenbar geglaubt hatten, daß die Ursache für Hartnells Tod im Herz-Lungenbereich zu suchen sei. Dr. Goodsir hatte das Herz und einen Teil der Luftröhre entfernt. Zunächst wird er an der Herzspitze nach äußeren Anzeichen für eine Erkrankung gesucht haben. Dann schnitt er die rechte und linke Herzkammer auf, um die Herzklappen zu untersuchen. Nachdem er mit dem Herzen fertig war, sezierte er die Lungenspitzen, um nach Beweisen für Tuberkulose zu suchen, und machte aus demselben Grund einige Schnitte in die Leber. Hartnells Darm hatte er nicht angetastet. Nach Beendigung der Autopsie hatte Dr. Goodsir Hartnells Brustkorb (die Vorderseite der Rippen mit dem Brustbein) verkehrt herum wieder zusammengefügt. Diese erste Autopsie war nur oberflächlich gewesen und mochte weniger als eine halbe Stunde gedauert haben. Nachdem die Beobachtungen insoweit abgeschlossen waren, begann Amy mit seinen eigenen, sehr viel detaillierteren Untersuchungen. Beattie beschriftete die Behälter und versiegelte die ihm von Amy gereichten Proben darin, während Spenceley jeden einzelnen Schritt sehr eingehend fotografierte.

Zuerst wurde alles Eis aus dem Körper gesammelt, soweit es sich um gefrorene Gewebeflüssigkeit handeln konnte. Dann sterilisierte Amy seine chirurgischen Instrumente in der offenen Flamme des Petroleumofens. Er entnahm jedem der gefrorenen Organe eine Probe und legte sie in einen sterilen Behälter, der sofort versiegelt und in einen Kühlbehälter gestellt wurde, um ein Auftauen zu verhindern. Diese Proben sollten später im Labor einer bakteriologischen Analyse unterzogen werden. Weitere Organ- und Gewebeproben wurden in Konservierungsmittel gelegt, sie sollten später unter dem Mikroskop untersucht werden. Zwischendurch machte Amy immer wieder Bemerkungen über Hartnells Gesamtzustand. So stellte er bezüglich der Blutgefäße fest: „Adern enthalten kein Blut. Sie enthalten Eis, und dieses Eis ist klar." Viele der Organe waren gut erhalten, obgleich sich das Gehirn verflüssigt hatte. Schließlich wurden mit einer Chirurgensäge Knochenstücke von Oberschenkelknochen, Rippen, Lendenwirbel und Schädel abgesägt. Für die Autopsie, die damit endete, daß Amy die ursprüngliche

Naht aus dem Jahre 1846 wieder schloß, benötigten die drei Männer insgesamt neun Stunden.

Alle waren ziemlich erschöpft, aber nebenan im Zelt mußten die Vorbereitungen für Braines Exhumierung weitergehen. Hartnells Körper wurde lose in ein Autopsielaken gewickelt und in sein Zelt zurückgebracht. Nachdem auch Schweger ihre Aufzeichnungen über die in Hartnells Grab gefundenen Textilien abgeschlossen hatte, begann die Gruppe mit seiner Wiederbeisetzung. Die Wolldecke wurde zusammengefaltet wieder auf den Boden des Sarges gelegt und das Originalleichentuch in seine alte Position gebracht. Sein Körper wurde in das Grab hinuntergelassen und in den Sarg gelegt. Danach wurde das Leichentuch über ihm zusammengeschlagen. Und dann war der letzte Augenblick ihres Zusammenseins mit dem jungen Seemann gekommen.

Am 18. Juni, kurz vor Mitternacht, versammelten sich alle in Hartnells Zelt. Schweger hatte seine Kleidungsstücke mitgebracht, die in Mylar eingewickelt waren, ein neutrales Material, das die Sachen schützen und erhalten würde. Spenceley und Beattie sprangen in das Grab, Schweger reichte ihnen jedes einzelne Kleidungsstück, und sie legten alles sorgfältig neben den Toten. Dann ließ man den Deckel zu ihnen hinab.

Aber als sie versuchten, ihn auf den Sarg zu legen, konnten sie ihn nicht wieder so hinbekommen, wie sie ihn vorgefunden hatten – auf der Oberkante des Sarges hatte sich eine dünne Eisschicht gebildet, die Beattie erst mit einem kleinen Meißel entfernen mußte, bevor die Beisetzung weitergehen konnte. Ihr Schweigen wurde nur vom Geräusch des Windes, der am Zelteingang rüttelte, und Keenas traurigem Geheul unterbrochen. „Vor 140 Jahren stand sein Bruder an derselben Stelle“, meinte Beattie schließlich und brach damit das Schweigen.

Langsam verließ einer nach dem anderen das Zelt, und gemeinsam ging man daran, das Grab wieder zuzuschütten. In diesem Moment war sich wohl jeder der Vergänglichkeit des Lebens und der Realität des Todes bewußt. Die Exhumierung Hartnells war für alle eine schwere Aufgabe gewesen, etwas, mit dem nur schwer fertigzuwerden war. Aber nun war die Arbeit getan, und für den Augenblick fühlten sich alle erleichtert. Im Zelt nebenan hatte die Exhumierung des Gefreiten William Braine von den Royal Marines bereits für eine Überraschung gesorgt – eine von vielen, die noch folgen sollten.

12
ROYAL MARINE

Wie bei Torrington und Hartnell wurde auch die Fläche über Braines Grab in Planquadrate eingeteilt. Damkjar fertigte maßstabsgerechte Zeichnungen von der Oberflächenbeschaffenheit eines jeden Quadrates an. Spenceley hockte auf einer Leiter über seiner auf ein Stativ montierten Kamera und machte eine Reihe Polaroidaufnahmen, die man für die spätere Rekonstruktion brauchte.

Im Schnee neben dem Grab baute das Team ein weiteres Langhauszelt zusammen. Anschließend wurde es über das Kopfbrett gehoben und so über dem Grab aufgestellt, daß zu beiden Seiten noch genug Bewegungsraum blieb. Es wurde an Hartnells Zelt festgebunden und die Ecken mit großen Metallhäringen befestigt.

Mit Maurerkelle und Eimern ging man an die Exhumierung. Der Kies, der das Grab bedeckte und die Zwischenräume zwischen den Kalksteinplatten füllte, wurde mit den Kellen entfernt. Bei dieser Säuberungsarbeit wurden ein paar Dinge gefunden, die sich über die Jahrzehnte in den Spalten und Ecken des Grabes angesammelt hatten. Ihre genaue Position – zumeist Holzstücke und Vogelknochen – wurde in das entsprechende Planquadrat eingetragen. Eine der großen Kalksteinplatten war mit Kies bedeckt, auf dem sich eine Mooskolonie angesiedelt hatte. Um diese kleine Vegetationsinsel nicht zu stören, wurde die große Platte vorsichtig beiseite gelegt, so daß bei der Rekonstruktion des Grabes dieser Mikro-Garten erhalten bleiben würde. Eine Besonderheit von Braines Grab war der aus Steinplatten aufgewölbte Grabhügel, der fast wie eine Krypta wirkte. Für die Ausgräber würde es nicht leicht sein, die Konstruktion genauso wiederherzustellen.

Jeder Stein, der entfernt wurde, erhielt auf der Unterseite sofort eine Nummer und ein Orientierungszeichen. Dann wurden die Steine aus dem Zelt herausgebracht und in einer Reihe in den Schnee gelegt. Die größten benutzte man, um die Ecken des Zeltes zu beschweren.

Zwei Stunden vergingen mit der Kennzeichnung und dem Abtransport von etwa 100 Steinbrocken, darunter als interessantestes Stück eine fast runde Scheibe, die den Grabhügel am Fußende abschloß. Zwei Drittel der freiliegenden Oberfläche trugen Spuren schwarzer Farbe, die, wie Savelle erklärte, 1853/54 von Penny aufgetragen worden war. Als man den Stein umdrehte, sah man, daß seine Unterseite fast vollständig schwarz angemalt war. Es schien, als habe dieser Stein einmal am Fußende des Grabes als Trittstein gedient, wie es auf einigen Radierungen und Zeichnungen zu sehen war, die in den 1850er Jahren von diesem Platz gemacht worden waren.

Nachdem alle Steinplatten entfernt waren, begann die nun schon zur Routine gewordene Arbeit: das Aufbrechen des Permafrostes. Kowal, Carlson, Savelle und Nungaq teilten sich die Arbeit. 18 Stunden später stießen sie auf Braines Sarg. Dieser Erfolg demonstrierte die Zähigkeit und Entschlossenheit des Teams, das faktisch 37 Stunden ohne Unterbrechung durchgearbeitet hatte! Braine war in 2 m Tiefe beigesetzt worden, und sein Sarg war der größte von allen dreien – 211 cm × 49 cm × 33 cm tief. So mußte weit mehr tiefgefrorene Erde entfernt werden als aus Torringtons oder Hartnells Grab. Die Grube mußte sogar im Verlauf der Arbeiten nach allen vier Seiten hin noch einmal erweitert werden, als die Größe des Sarges deutlich wurde.

Da sich sowohl auf Torringtons als auch auf Hartnells Sargdeckel Gedenkplatten befunden hatten, säuberte Kowal den Teil des Deckels besonders sorgfältig, wo eine solche Platte – wenn überhaupt – angebracht sein würde. Was Archäologie so spannend macht, ist, daß selbst Funde, mit denen man aufgrund früherer Erfahrungen rechnet, unweigerlich mit einer Überraschung aufwarten. Die Entdeckung von Braines Gedenkplatte machte da keine Ausnahme. Der erste kleine Ausschnitt, der freigelegt wurde, bot einen völlig unerwarteten Anblick. Er war kupferfarben. Als Kowal weiterarbeitete, stieß er auf eine Metallplatte, deren Rand von grün-blauer Farbe war, wie sie durch Kupferoxidation entsteht. Kowal erweiterte das Fenster über der Platte, die ziemlich groß zu sein schien. Die eingestanzten Worte begannen hervorzutreten, und schließlich lag die ganze Platte frei. Sie war 33 × 44 cm groß und offensichtlich mit viel Sorgfalt hergestellt worden. Die Inschrift lautete: „W. BRAINE R.M. 8 CO. W.D. H.M.S. EREBUS, GESTORBEN AM 3. APRIL 1846 IM ALTER VON 33 JAHREN."

Die „4“ in 1846 stand verkehrt herum. Alle waren von der Erhaltung und Qualität der Platte begeistert. Obgleich sie anders gestaltet war als Torringtons, war sie nicht weniger anrührend. Da noch weitergegraben werden mußte, wurde die Platte vorsichtshalber mit einem Stück Plastik und einer dünnen Kiesschicht abgedeckt.

Der Sargdeckel befand sich in hervorragendem Zustand, und Carlson war überzeugt, daß er ihn abnehmen könne, ohne die Nägel durchtrennen zu müssen. Er stemmte ihn einfach mit einem Brecheisen vorsichtig hoch. Obwohl er sich mit dieser Arbeit viel Zeit ließ, gaben die Nägel schnell nach. Nach 20 Minuten war der Deckel locker und konnte abgehoben werden. Carlson und Beattie – jeder an einem Ende – hoben ihn langsam und vorsichtig hoch empor und reichten ihn mit ausgestreckten Armen an Nungaq und Damkjar weiter, die ihn aus dem Zelt brachten.

„Ich sehe etwas leuchtend Rotes“, meldete Carlson und deutete auf einen blutroten Fleck im Eis, der Braines Gesicht verdeckte. Beattie musterte die Oberfläche des Sarges. Im Brustbereich konnte er einen Zipfel des Leichentuches erkennen. Da ein direkter Kontakt zwischen Tuch und Deckel bestanden hatte, war es nicht vom Eis bedeckt, das den restlichen Inhalt des Sarges umschloß. Als man mit dem Auftauen begann, entpuppte sich das Rot über Braines Gesicht als ein Halstuch nach asiatischem Muster, bedruckt mit schwarzen und weißen Blättern.

Nach wenigen Stunden war die obere Hälfte des in ein Leichentuch gewickelten Körpers freigelegt. Es war der fesselndste Anblick, der den Forschern an diesem Ort begegnet war. Die Umrisse und Konturen des Körpers ließen sich unter dem elfenbeinfarbenen Leichentuch gut erkennen, aber bestimmt wurde das Bild von dem leuchtend roten Tuch, das über Braines Gesicht lag. Seine lebendige Farbe schien in der Tiefe des Grabes absolut fehl am Platz. Der hauchdünne Stoff hatte sich eng an das Gesicht angeschmiegt und hob die Konturen von Braines Brauen, Nase, Kinn und Wangen deutlich hervor. In der Mitte, unter kleinen Rissen im Tuch, war das schwarze Oval seines leicht geöffneten Mundes zu erkennen. Durch die Risse hatten sich ein paar Schneidezähne hindurchgebohrt und erzeugten ein schreckenerregendes rotes Grinsen, das jeden in der Gruppe für einige Zeit förmlich versteinern ließ.

Das Halstuch war noch in den Ecken des Sarges festgefroren, so daß es vorläufig nicht möglich war, es abzunehmen und Braines Gesicht freizulegen. Als man Wasser in die Ecken goß, löste sich der Stoff langsam und konnte nach und nach aufgerollt werden. Als er ganz zurückgezogen war, nahm das Gesicht Charakter und Identität an.

Bisher hatte man 16 Stunden ohne Pause im Grab gearbeitet. Beattie beschrieb den anderen, was er sah: „Er hat einen Bart, gelockt und dunkel ... Man sieht die Zähne ... ein Ohr ... Scheint so, als seien ihm bereits die Haare ausgefallen." Dann trat Beattie zurück, um den Toten zu betrachten: Ein Mann, ernst und vom Leben hart rangenommen, wie man sich einen einfachen Seemann der Royal Marine des 19. Jahrhunderts vorzustellen hatte. „Das wär's. Der lange Arbeitstag hat sich gelohnt", sagte er leise, wie zu sich selbst.

Braines Zähne waren in einem schlechten Zustand. Ein Vorderzahn war zu seinen Lebzeiten abgebrochen, wodurch die Pulpa (Zahnmark) freigelegt worden war. Seine Lippen bedeckten – anders als bei Torrington und Hartnell – ein wenig die Zähne. Vielleicht hatte das Tuch verhindert, daß sie sich aufgeworfen hatten. Seine Nase war leicht gequetscht. Er war 181 cm groß, und der Sarg schien für ihn ein wenig zu klein. Als man den Deckel schloß, hatte er auf seine Nase gedrückt.

Seine Augen waren tief in ihre Höhlen eingesunken und nur etwa ein Viertel geöffnet. Die Augäpfel schienen nicht sehr gut erhalten, aber er wirkte dennoch fast lebendig – als schliefe er nur. Eine Narbe an seiner Stirn verriet, daß er einige Jahre vor seinem Tod einen Schlag abbekommen hatte oder gegen irgend etwas gestoßen war. Schließlich ließ sich das Tuch ganz von seinem Gesicht entfernen. Nun sah man, daß sein Haar fast schwarz, lang und lockig war und daß er tatsächlich eine Stirnglatze hatte.

Als das Leichentuch entfernt war, kamen sein Hemd, sein rechter Arm und seine rechte Hand zum Vorschein. „Seht euch die Hand an, sie ist hervorragend erhalten", meinte Beattie. „Hübsches Hemd, nicht ein Fleck, scheint brandneu." Der linke Arm war nicht zu sehen. Man erwog, ob er eventuell amputiert worden war. Später fand Beattie heraus, daß der linke Arm unter seinem Körper lag. Zunächst hatte er angenommen, er sei zu groß gewesen, so daß man ihn nicht mit den Armen neben dem Körper habe hineinlegen können. Aber später erwies sich, daß im Sarg durchaus genug Platz gewesen wäre, um seine Arme über der Brust zu kreuzen. Körper und Kopf waren ebenfalls nicht sehr sorgfältig hineingebettet worden, sein Unterhemd hatte man ihm verkehrt herum angezogen. Dies alles führte zu der Annahme, daß man ihn in großer Eile in den Sarg gelegt hatte.

Wieder wurde zum Auftauen warmes Wasser über die gefrorenen Partien gegossen. In dem kalten Grab entwickelten sich dabei heftige Dampfschwaden, die zusammen mit dem beißenden Geruch nasser Wolle und Baumwolle nach oben stiegen. Das stundenlange Arbeiten in diesem Dunst und die seelische Anstrengung machten allen zu schaffen. Braine, der sehr tief beigesetzt war, lag in einer kälteren Region, und das Eis gab erst nach langem Kampf nach. Das Team hatte vor allem enorme Schwierigkeiten, die Teile der Kleidung und des Leichentuches aufzutauen, die am Boden des Sarges festgefroren waren. Braine wurde durch das gefrorene Gewebe eisern in seinem Sarg festgehalten. Die Forscher brauchten noch einmal 18 Stunden, bevor sie ihn davon befreit hatten. Und selbst dann mußten sie noch ein kleines Stück Stoff an seinem Rücken herausschneiden, um ihn nicht nur aus dem Sarg, sondern auch aus seinen Kleidern herauszuheben. Beattie und Amy stemmten ihn zum Rand des Grabes empor, wo ihn Savelle und Kowal übernahmen und auf ein Plastiktuch legten.

Man sah sofort, daß der Mann völlig ausgemergelt war – buchstäblich nur noch Haut und Knochen. Wahrscheinlich wog er weniger als 40 kg. Man konnte jede Rippe zählen, und die Umrisse seiner Hüftknochen traten deutlich hervor. Auch sein Gesicht spiegelte seinen Zustand wider. Die Haut spannte sich sehr straff über Wangen und Augenhöhlen. Seine Gliedmaßen waren spindeldürr. Dadurch wirkten die Hände außergewöhnlich lang. Für Beattie, der den zerbrechlichen, leblosen Körper nach der vorangegangenen ungeheuren Anstrengung aus dem Grab hob, war es der ergreifendste Anblick während seiner gesamten Arbeit auf Beechey Island. Die angespannten Gesichter der übrigen zeigten, daß sie seine Gefühle teilten.

Obgleich alle ziemlich erschöpft waren, wurde Braine sofort in ein Tuch gewickelt und in das Röntgenzelt hinübergebracht. Notman und Anderson, die sich nach der anstrengenden Arbeit an Hartnell ausschliefen, wurden geweckt und konnten ihre Arbeit beginnen.

Die Röntgenarbeiten an Braine wurden auf ähnliche Art ausgeführt wie bei Hartnell. Die Situation war nur insofern etwas anders, als bei ihm keine Autopsie durchgeführt worden war. Notman und Anderson arbeiteten ohne Pause fast elf Stunden, bis die Röntgenaufnahmen abgeschlossen waren.

Die anderen lösten unterdessen noch Braines Kleider aus dem Sarg, damit Schweger sie analysieren konnte. Nachdem der Körper herausgehoben war, ging das Auftauen leichter, und in einer Stunde war alles erledigt. Während der ersten Auftauversuche am Fußende des Sarges hatte Carlson gemeint, unter den in das Leichentuch eingeschlagenen Füßen liege noch irgend etwas anderes. Erst als der Körper entfernt und das Leichentuch weiter aufgetaut war, wurde seine Beobachtung bestätigt. Man hatte Braine ein Paar zusammengerollte Socken unter die Füße geschoben. Sie waren sehr groß und aus grober Wolle hergestellt. Der eine hatte ein Loch. Das völlige Auftauen und Herausnehmen des Leichen- wie des Halstuches sollten am nächsten Tag erfolgen. Beattie, Kowal, Savelle, Amy und Damkjar wanderten zum Küchenzelt hinüber, wuschen sich draußen die Hände und gingen essen. Anschließend hatten sie noch Zeit, sich kurz auszuruhen, bevor sie zurück mußten, um mit der Autopsie zu beginnen.

Als sie sich später trafen, hatten alle Kopfschmerzen. Einige fühlten sich richtig krank. Es handelte sich dabei möglicherweise um eine Kohlenmonoxydvergiftung, ausgelöst durch die beiden Öfen, die während der Exhumierung ständig in Betrieb gewesen waren. Obgleich der Zelteingang offen gewesen war, und ständig ein leichter Luftzug geherrscht hatte, waren die Dämpfe in die Grube gelangt.

Als Amy und Beattie das Röntgen- und Autopsiezelt betraten, um ihre Arbeit zu beginnen, wies Notman sie auf eine Reihe Verletzungen an Braines Körper hin: auf der rechten und linken Schulter, in der Leistengegend und an der linken Seite des Brustkorbes. Die Verletzungen betrafen in erster Linie die Haut, an manchen Stellen aber auch das darunterliegende Gewebe und die Muskulatur. Eine flüchtige Untersuchung zeigte Zahnspuren. Notman und Amy waren sich einig, daß Ratten den Körper kurz vor der Beisetzung, noch auf der *Erebus*, angenagt haben mußten.

Ratten waren auf den Segelschiffen des 19. Jahrhunderts ein allgemeines Problem und hatten auch bei Polarexpeditionen öfter zu Schwierigkeiten geführt. Elisha Kent Kane, ein amerikanischer Marineoffizier, hatte ernste Probleme mit diesem Ungeziefer bekommen, während er 1853–55 auf der Suche nach Franklin die *Advance* kommandierte:

> Sie sind überall ... unter dem Herd, in den Schränken der Stewards, in unseren Kissen, in unseren Betten. Wenn man mich fragen würde, welche nach Dunkelheit, Kälte und Skorbut die drei schlimmsten Erlebnisse unseres Arktisaufenthaltes waren, würde ich sagen RATTEN, RATTEN, RATTEN.

... es war unmöglich, irgend etwas unter Deck zu verstauen. Pelze, Wollsachen, Schuhe, naturgeschichtliche Fundstücke, alles, was wir behalten wollten, auch wenn es nichts besonders wertvoll war, wurde angenagt und vernichtet.

Selbst Versuche, das Schiff mit den „scheußlichsten Dämpfen – Schwefel, verbranntes Leder und Arsen" auszuräuchern, befreite es nicht von den Ratten.

Notman hatte bereits die Röntgenbilder von Hartnell mit den eben von Braine aufgenommenen verglichen und wies Beattie auf einen interessanten Unterschied hin: „Den Schädel Hartnells konnten die Röntgenstrahlen wegen des soliden Eisblocks, der darin war, nicht durchdringen. Daher heben sich die Knochen auf dem Bild nicht ab, und es ist nur ein konturloser weißer Fleck zu sehen", erklärte er, während er auf die Aufnahme zeigte. „Im Gegensatz hierzu kamen wir durch Braines Schädel gut durch. Ich habe hierfür keine Erklärung. Beide wurden unter ähnlichen Umständen beigesetzt."

Die Autopsie nahm sieben Stunden in Anspruch und war äußerst gründlich. Wie bei Hartnell wurde sie am Boden durchgeführt, wobei der Körper auf einem weißen Plastiktuch lag. Während der gesamten Zeit wurde ein schriftliches Protokoll geführt und jeder einzelne Schritt im Foto festgehalten. Beattie assistierte Amy während der Autopsie, etikettierte Behälter und versorgte die Gewebeproben.

Im Gegensatz zu Torrington und Hartnell war Braines Körper teilweise in Verwesung übergegangen. Die grüne Farbe seines Körpers zeigte, daß nach Braines Tod einige Zeit vergangen sein mußte, bevor die Beisetzung stattfand. Eine Erklärung für diese Verzögerung ließ sich schwer finden, obgleich zwei Möglichkeiten diskutiert wurden: Während des Winters auf Beechey Island hatte man Trupps ausgesandt, um Teile der nahegelegenen Devon Island zu erforschen. Suchmannschaften hatten später ihre Lagerplätze nördlich von Beechey Island an der Westküste von Devon Island und am Cape Riley entdeckt. Es ist möglich, daß Braine einer dieser Gruppen angehörte und unterwegs starb. Da es bereits zwei Gräber auf Beechey Island gab, könnte man den Toten dorthin zurückgebracht haben, um ihn ebenfalls auf dem kleinen Friedhof beizusetzen. Eingewickelt und auf einen Schlitten gebunden, wäre er in ein paar Stunden gefroren gewesen, obgleich die Verwesung bereits eingesetzt hatte. Als die Schlittengesellschaft dann bei den Schiffen ankam, hat man den Toten sehr wahrscheinlich für eine Untersuchung durch die Schiffsärzte und die Vorbereitung der Beisetzung an Bord gebracht. Auf dem Schiff taute Braines Körper dann wieder auf, was den Verwesungsprozeß beschleunigte. Eine andere Möglichkeit ist, daß das Wetter zu schlecht war und man ihn deshalb nicht sofort beerdigen konnte. Dies scheint jedoch nicht sehr wahrscheinlich, da man den Körper in diesem Fall leicht entsprechend kühl hätte aufbewahren können und die Verwesung weit geringer gewesen wäre.

Was immer die Ursache war, so erklärt sein Verwesungszustand jedenfalls, warum man seinen Körper in aller Eile und ohne viel Sorgfalt in den Sarg legte.

Im Verlauf dieser letzten Autopsie ging Beattie gelegentlich der Gedanke durch den Kopf, wie sich Torrington, Hartnell und Braine wohl zu dem gestellt hätten, was sie hier taten. Alle drei Männer gehörten zu den Entdeckern ihrer Zeit; jeder von ihnen war – entweder auf Grund seiner Wehrpflicht oder als Freiwilliger – an den gefahrvollen Unternehmungen beteiligt gewesen, die den viktorianischen Idealen von Abenteuer, Nationalstolz und Selbstaufopferung entsprachen. Ihre Körper hatten die Zeiten überdauert und noch den 1980er Jahren einen kurzen Besuch abgestattet. Eine derartige Odyssee hatte niemand voraussehen können.

Nachdem die Autopsie und die Röntgenaufnahmen beendet waren, flogen Amy, Notman, Anderson, Schweger und Spenceley am 20. Juni zurück.

Das restliche Team wickelte Braines Körper in ein Baumwolltuch. Dann wurde er wieder in sein Grab hinuntergelassen, wo Beattie und Savelle ihn in Empfang nahmen. Vorsichtig legten sie ihn in seinen Sarg zurück. Beattie hatte vorher bereits das Leichentuch darin ausgebreitet. Nun wurde zunächst die linke Seite des Tuches über den Toten geschlagen und danach die rechte, die seitlich festgesteckt wurde. Halstuch, Unterhemd, Sweater, Hemd und Strümpfe – alles einzeln in Mylar verpackt – wurden in den Sarg gelegt. Dann wurde der Deckel geschlossen. Die Nordseite des Zeltes wurde entfernt, und die Sonne, die um 11 Uhr nachts tief am nördlichen Himmel stand, beleuchtete das Kopfbrett und die Innenseite des Zeltes. In strahlend goldenes Sonnenlicht gehüllt, legten sie eine Schweigeminute in Erinnerung und Respekt für William Braine ein. Dann sprang Beattie in das Grab hinunter. Man reichte ihm einen Eimer mit Kies, den er vorsichtig als Schutzschild über der Platte verteilte.

Danach wurde das Grab aufgefüllt. Der riesige Berg Kies, der neben dem Grab aufgehäuft war, zeugte von seiner Tiefe. Zwei Männer schaufelten den Kies in Eimer, während die anderen sie abwechselnd zum Grab trugen und dort ausschütteten. Bald begann der Berg kleiner zu werden, und nach drei Stunden war die Grube so weit aufgefüllt, daß nun auch die großen Steine wieder an ihren alten Platz gelegt werden konnten – aber inzwischen waren alle Beteiligten seelisch und körperlich derart erschöpft, daß man diese Arbeit auf den nächsten Tag verschob.

Man verwandte mehrere Tage darauf, das Lager abzubauen und den Platz wieder herzurichten. Dann verließen die Forscher das Camp in zwei Gruppen: Beattie, Nungaq und Kowal wurden am 24., Carlson, Savelle und Damkjar am 27. Juni abgeholt.

Abgesehen von den Suchexpeditionen der 1850er Jahre war keine andere Gruppe so lange an dem Ort gewesen, wo die Mannschaften der *Erebus* und *Terror* den ersten arktischen Winter verbracht hatten. Aber ihre Vorgänger waren weitergezogen und hatten viele Fragen unbeantwortet gelassen.

Beattie verließ Beechey Island mit der Überzeugung, daß John Torrington, John Hartnell und William Braine ihm noch einige Antworten geben würden. Es schien fast so, als seien sie für ein paar Stunden während der arktischen Sommer 1984 und 1986 noch einmal zum Leben erwacht.

13
DES RÄTSELS LÖSUNG

Gefrorenes Gewebe, Haare und Knochenproben von John Hartnell und William Braine wurden in einem kleinen isolierten Kühlbehälter mit nach Edmonton genommen und zwei Tag nach dem Abflug von Beechey Island in einer Tiefkühltruhe des University of Alberta Hospital deponiert.

Nun hing alles weitere von diesen kleinen Behältern ab. Sie enthielten das Beweismaterial, das entweder Beatties Theorie über den Einfluß einer allseitigen Bleivergiftung auf das Scheitern der Franklin-Expedition bestätigen oder widerlegen würde.

Falls die Spurenelemente-Analyse ergab, daß der Bleigehalt in den Proben deutlich niedriger war als bei Torrington und dem Skelett vom Booth Point, mußte die Suche fortgesetzt werden. Die Frage, die sich dann stellte, lautete: Warum nur bei Torrington und nicht auch bei den anderen? Sollten jedoch die Tests gleich hohe Bleiwerte ergeben, dann sprach alles dafür, daß Beattie mit seiner Theorie Recht hatte. Das Ergebnis von fünf Jahren Forschung hing jetzt von der Analyse der Informationen ab, die in den Gewebeproben verschlossen waren.

Derartige Analysen müssen jedoch sorgfältig vorbereitet werden. In den folgenden Monaten, in denen Kowal die notwendigen Vorarbeiten erledigte, nahm sich Beattie die zehn Konservendosen vor, die er auf Beechey Island gesammelt hatte. Daß das Blei der Lötstellen den Inhalt der Dosen verseucht hatte, stand für Beattie außer Frage. Als er sich jetzt die Dosen genauer ansah, stieß er unerwartet auf etwas, das er und Damkjar bisher übersehen hatten: Die Seitennähte einiger Dosen waren unvollständig! Es sah so aus, als ob der Blechschmied bei der Herstellung versäumt hatte, die Enden der Nähte ordentlich zu schließen. Diese Unterlassung konnte leicht zum Verderb des Doseninhalts geführt haben. Man muß dazu wissen, wie diese

Dosen konstruiert waren, mit denen die Franklin-Expedition ausgerüstet war.

1845 war das Konservieren von Nahrungsmitteln in Dosen eine relativ neue Erfindung, die besonders für Forschungsreisen große Vorteile bot. Die Blechdose als solche war 1811 in England patentiert und von den Engländern sofort innerhalb der Royal Navy in den meisten Teilen der Welt verwendet worden. Es war eine Erfindung, die den Polarexpeditionen erlaubte, problemlos in der Arktis zu überwintern. Die erfolgreiche Durchsegelung der Nordwestpassage schien damit vorprogrammiert.

Die ersten Dosen wurden aus verzinntem Eisenblech hergestellt, das um eine zylindrische Form gebogen wurde, wobei die Enden sich etwas überlappten. Der Blechschmied ging dann mit einem Löteisen über jede Naht (innen und außen) und legte beiderseits eine dicke Lötschicht über die gesamte Länge. Am oberen und unteren Ende blieben die Nähte ein kleines Stück offen.

Deckel und Boden wurden an den Rändern zu einem Flansch umgebogen. Dieser legte sich beim Zusammensetzen der Dose auf der Außen- bzw. der Innenseite um das Ende des Zylinders, was vom Dosentyp abhing. Damit aber der Flansch nicht durch die Lötnaht blokkiert wurde, wurde die Zylindernaht nicht bis unten geschlossen. Wenn danach Boden und Deckel mit dem Zylinder fest verlötet wur-

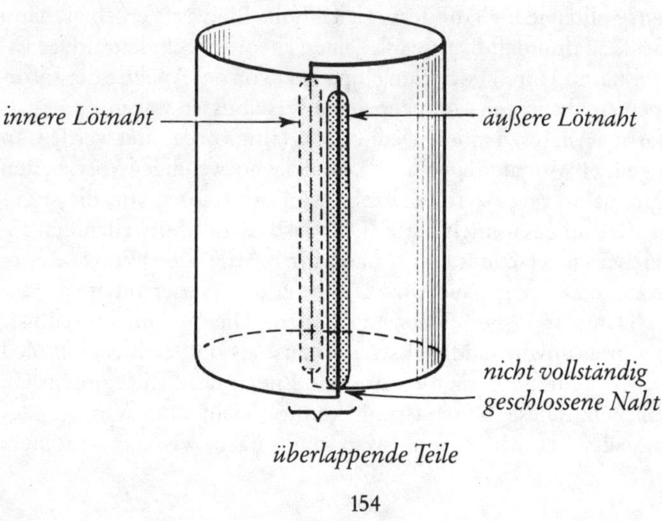

den, wurde häufig ein schmaler Spalt zwischen Naht und Flansch übersehen, und dieses winzige Loch hat wahrscheinlich dazu geführt, daß ein Teil der mitgeführten Vorräte unterwegs verdarb. Dies deckte sich mit den Vermutungen einiger der führenden Forscher, die sich an der Suche nach Franklin beteiligt hatten.

Der Dosendeckel besaß ein Einfülloch von jeweils unterschiedlicher Größe, was wiederum vom Typ des Behälters abhing. Der Deckel wurde zuerst angebracht und innen mit einer dicken Lötnaht versehen. Dann erst wurde der Boden angesetzt und durch das Einfülloch von innen ebenfalls dick verlötet. Zuletzt erhielten Deckel und Boden auch außen eine Bleinaht.

Nachdem die Dose gefüllt war, wurde sie fast völlig in kochendes Wasser getaucht, dem bisweilen Kalziumchlorid beigefügt wurde, um die Wassertemperatur zu erhöhen. Sobald der Kochvorgang abgeschlossen und solange der Inhalt noch heiß war, wurde das Einfülloch mit einem Deckel verschlossen, der ebenfalls fest aufgelötet wurde. In den Dosen, die nun völlig versiegelt waren, entstand beim Abkühlen ein Vakuum. Zuletzt wurde die fertige Dose angestrichen, um sie vor Beschädigungen und Korrosion zu schützen.

Die Lötmasse bestand zu mehr als 90 Prozent aus Blei, der Rest war Zinn. Dieser hohe Bleianteil bewirkt, daß die Lötmasse sehr zähflüssig ist und beim Aufbringen nicht richtig in die Ritzen läuft, wie es bei einer Lötmasse mit einem höheren Zinnanteil geschehen würde.

Am 1. April 1845 erhielt Stephan Goldner den Auftrag für die Lieferung der Konserven. Am 5. Mai, dem Tag, an dem Franklin seine Segelinstruktionen empfing, meldete der Leiter des Victualling Yard in Deptford, daß der Vertrag bisher nur zu einem Zehntel erfüllt sei. Diesem Bericht folgte drei Tage später das Versprechen Goldners, daß bis zum 12. Mai sämtliche Fleischkonserven geliefert würden und bis zum 15. Mai auch die Suppen. Zugleich erbat und erhielt er die Genehmigung, die Suppen in größeren Dosen liefern zu dürfen als im Vertrag vorgesehen. Es ist durchaus möglich, daß man in der Eile die Qualitätskontrollen vernachlässigte und von den 8000 an die Expedition gelieferten Konserven eine Anzahl später verdarb. Für die Expedition bedeutete dies eine erhebliche zusätzliche Belastung, und konnte – je nach Umfang – über Erfolg oder Mißerfolg entscheiden, über Leben oder Tod.

Während sich Beattie weiter mit den Konservendosen beschäftigte, unterzog Roger Amy die unter sterilen Bedingungen eingesammelten

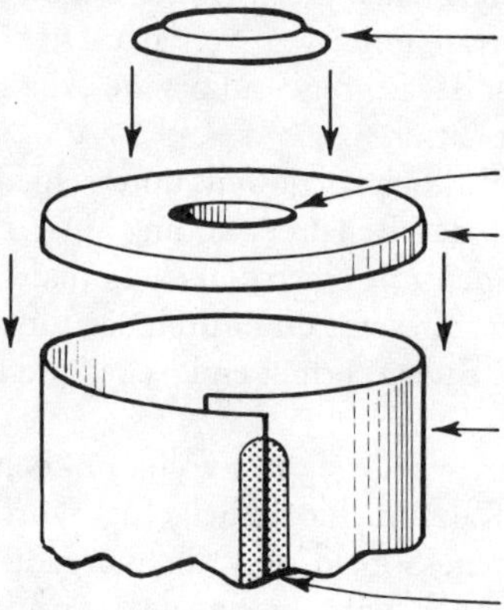

Proben einer bakteriologischen Prüfung. Diese ergab eine Tuberkulose im Lungengewebe von William Braine, obgleich sich keine Kulturen gebildet hatten. Dagegen fand er Bakterienkulturen in Braines Darm (eine im menschlichen Darm seltene Form von Clostridium). Bemerkenswert genug, daß Bakterien aus dem Jahr 1846 und einst Teil von William Braine noch heute lebten!

Anfang 1987 begann Walt Kowal gemeinsam mit Experten des Alberta Workers' Health and Compensation laboratory in Edmonton, die Haarproben zu untersuchen, die man 1984 bei Torrington und 1986 bei Hartnell und Braine abgeschnitten hatte. Für diesen Test wird eine aus den Haarproben hergestellte Lösung bei hohen Temperaturen verdampft. Die daraus resultierenden Emissionen sind für ein spezielles Element charakteristisch, wie z. B. Blei, und können identifiziert und gemessen werden.

Die ersten Tests wurden mit Haaren durchgeführt, die man vom Scheitel und Nacken Torringtons abgeschnitten hatte. Sie enthielten 413–657 ppm Blei, ähnlich den extrem hohen Werten, die man bei früheren Tests in den Haaren Torringtons gefunden hatte.

Erst im April rief Kowal bei Beattie an, um ihm die ersten Untersuchungsergebnisse bezüglich Hartnell und Braine mitzuteilen. „Nichts", sagte er, „absolut nichts. Kein Blei bei den anderen beiden."

Beattie war einen Moment sehr still. Dann meinte er: „Nun, es scheint ein wenig komplizierter zu werden.“ In Gedanken war er bereits dabei, eine Erklärung für diese überraschende Neuigkeit zu finden. Aber dann begann Kowal zu lachen: „Moment, ich wollte dich nur ein bißchen auf den Arm nehmen. Die Werte sind hoch, überhaupt nicht zu leugnen.“

Dann kam der Beweis, auf den Beattie seit 1984 gewartet hatte. Hartnells Haar wies einen Bleigehalt von 138–313 ppm auf; Braines Werte lagen ähnlich hoch bei 145–280 ppm. Obgleich die Werte nicht so hoch waren wie bei Torrington, lagen sie um mehr als das Zwanzigfache über dem Normalwert. Nachfolgende Tests schlossen die Möglichkeit aus, daß noch nach ihrem Tod von außen Blei in den Körper eingedrungen sein könnte. Weitere Untersuchungen von Knochen- und Gewebeproben Torringtons, Hartnells und Braines unterstrichen die Genauigkeit der Haartestergebnisse.

Die Tatsache, daß Blei in den Haaren gefunden wurde, bedeutete, daß die Verseuchung erst auf der Reise eingetreten war und nicht schon zu Hause. Die möglichen Quellen für eine Bleivergiftung während der Fahrt waren zahlreich, angefangen bei dem in Bleifolie verpackten Tee und dem Gebrauch von Zinngerät und bleiglasiertem Tongeschirr. Aber die Wurzel allen Übels war, daß sich die Teilnehmer der Franklin-Expedition von Konserven ernährt hatten. Man hat ausgerechnet, daß jeder Seemann jeden zweiten Tag ein halbes Pfund an konservierter Nahrung erhielt, was zu einer ständigen erheblichen Aufnahme von Blei führte.

Es gibt keine beweisbare Erklärung für den unterschiedlich hohen Bleigehalt bei Torrington gegenüber Hartnell und Braine. Wahrscheinlich liegt dies an der unterschiedlichen Verpflegung der drei Männer und ihrer Arbeit auf dem Schiff. So könnte z. B. Torrington als Oberheizer zusätzlich Blei mit dem Kohlenstaub eingeatmet haben.

Was sich nunmehr nach der Untersuchung von vier Expeditionsteilnehmern (einschließlich des Skeletts vom Booth Point) unter Ausnutzung der verschiedenen Möglichkeiten einer ganzen Reihe von Labors klar abzeichnete, war, daß Blei eine ganz wesentliche Rolle bei dem sich ständig verschlechternden Gesundheitszustand der Mannschaften von *Erebus* und *Terror* gespielt hatte. Die fortschreitende Bleivergiftung führte nicht nur zu einem Schwinden der Körperkräfte, sondern drückte sich auch in zunehmender Verzweiflung aus. Appetitverlust, Müdigkeit, Schwäche und Koliken sind einige der Symptome einer solchen Vergiftung; sie kann aber auch zu Störungen des zentralen und peripheren Nervensystems führen und ein neurotisches und unberechenbares Verhalten auslösen – bis hin zu einer Lähmung der Gliedmaßen. Möglicherweise wirkte sich die Beeinträchtigung der Gehirntätigkeit für die Expedition am verheerendsten aus. Unter den anhaltenden Streßsituationen eines langen Arktisaufenthaltes könnte selbst eine geringfügige Bleivergiftung den Entscheidungsprozeß der Männer, besonders der Offiziere, nachhaltig beeinflußt haben. Nur ein klarer Kopf bei der Einschätzung der Situation läßt auf eine richtige Entscheidung hoffen.

Die Franklin-Expedition ist nicht aus einem einzigen Grund gescheitert, sondern an einer Kombination tödlicher Fakten. Man kann deshalb die Frage, was ihren Untergang bewirkte, nicht mit einem Satz beantworten. Das beste, was man heute tun kann, ist, die einleuchtenden Gründe herauszuarbeiten und in die breite Palette einzuordnen, die sich aus den Untersuchungen der über zahlreiche archäologische Fundplätze verstreuten Überreste ergibt. Das hat Beattie getan.

In einigen Fällen, wie bei den drei Toten von Beechey Island, waren die Auswirkungen der Bleivergiftung katastrophal. Amys Autopsieergebnisse zeigen, daß Torrington, Hartnell und Braine an Tuberkulose litten und an einer Lungenentzündung starben. Außerdem ergab die Röntgenuntersuchung durch Derek Notman bei William Braine einen Bruch des 11. Brustwirbels, hervorgerufen durch Pott'sche Krankheit, die wiederum die Folge einer tuberkulösen Infektion ist. Aber es war das heimtückische und kaum bekannte Gift – Blei –, das ihren Körpern in den ersten Monaten der Expedition in hohen Dosen zugeführt wurde und sie derart schwächte, daß sie ein leichtes Opfer der hinzukommenden Erkrankung wurden. Anderen Mitgliedern der Expedition muß es ebenso ergangen sein. Dies erklärt wahrscheinlich auch den Tod der 21 weiteren Seeleute, die die Expedition bereits in ihrer Anfangsphase verlor, noch bevor die Schiffe am 22. April 1848 aufgegeben wurden.

Auch für den auffallend hohen Anteil von Offizieren unter den Toten – immerhin 9 von 21 – fand Beattie eine mögliche Erklärung. Falls die Offiziere, die selbst auf langen Reisen und unter räumlich beschränkten Verhältnissen eine Gruppe für sich bildeten, von Zinngeschirr aßen und eine bessere Kost erhielten (was proportional wahrscheinlich mehr Konserven bedeutete), haben sie von Anfang an sehr viel mehr Blei „geschluckt“ als die übrigen Mannschaftsmitglieder. Es besteht durchaus die Möglichkeit, daß auch Sir John Franklin direkt oder indirekt an den Folgen einer Bleivergiftung starb.

Auch von jenen Männern, die auf dem tragischen Todesmarsch im Frühjahr und Sommer 1848 starben, mögen manche die klassischen Symptome einer solchen Vergiftung aufgewiesen haben, wie Abmagerung, Abgeschlagenheit und Müdigkeit, die nun durch Hunger und Skorbut verstärkt wurden. Andere wiederum mögen überhaupt keine dieser Anzeichen aufgewiesen haben, vielleicht infolge einer unterschiedlichen Ernährung oder größerer Widerstandskraft.

Es ist eine traurige Ironie, daß Franklins machtvolle Expedition, mit Sicherheit eine der größten Forschungsreisen zur See, die je stattfand, die mit allem ausgestattet war, was die aufstrebende Industrie und der Erfindergeist jener Zeit zu bieten vermochten, ausgerechnet von einer dieser Erfindungen tödlich getroffen wurde. Beattie ist überzeugt, den wissenschaftlichen Beweis hierfür erbracht zu haben.

Als Sir John Franklin im Mai 1845 aus der Themse segelte, war die ganze Nation sicher, daß die Ehre, die Nordwestpassage zu erobern, in seiner Reichweite lag. Niemand konnte ahnen, daß in den Konserven, die im Laderaum seiner Schiffe verstaut waren, eine Zeitbombe tickte, die nicht nur Franklins Triumph verhindern, sondern 129 Leben auslöschen sollte. Und während die Hoffnungen der Mannschaften innerhalb relativ kurzer Zeit in Verzweiflung umschlugen, mußten die Ärzte an Bord der *Erebus* und *Terror* hilflos zusehen. Das Gesundheitsrisiko, das der Gebrauch einer Blei-Zinn-Lötmasse mit sich brachte, war zu jener Zeit noch nicht bekannt. Erst 1890 wurde das Verlöten von Konservendosen auf der Innenseite in England durch Gesetz verboten.

Menschliche Forschung, die sich auf neue Technologien stützt, muß hierfür häufig einen grausamen Preis zahlen. Dies hat sich erst kürzlich wieder beim „Challenger"-Unglück gezeigt.

Die heutigen Raumforscher verbindet in der Tat vieles mit den früheren Entdeckern der unbekannten Eisküsten dieser Erde. Im Grunde genommen besteht kein Unterschied zwischen dem Tod der Franklin-Mannschaften und der Besatzung der Raumfähre. Zeit, Technologie, soziale Bedingungen und Politik mögen sich geändert haben, aber der Geist und die Motivation, die beide Unternehmungen trugen, waren dieselben. Beide nutzten die modernsten Technologien ihrer Zeit, und beide zahlten dafür den höchsten Preis. Ein Artikel, der 1855 in einer

Ausgabe von Blackwood's Edinburgh Magazine erschien, beklagte diese Gefahren:

> Wir bekennen, daß wir abei allem Streben nach Wissen nicht das Herz haben, ein Opfer, wie das Franklins und seiner Mannschaften, ohne den Schauder des Entsetzens zu betrachten: Es liegt etwas Furchterregendes, Unerbittliches, Unmenschliches darin, Forschungsziele auf eine so kostspielige Weise zu verfolgen, denn letztlich bleibt es doch nur ein Forschen ... und wenn wir von den Märtyrern der Wissenschaft hören, ob sie nun im arktischen Eis oder im Sand der Wüsten umgekommen sind, fangen wir an, die Wissenschaft selbst als einen selbstgefälligen Moloch voll wohlwollender Herablassung zu betrachten, der seine Erfolge auf magische Weise erringt und mit der ganzen Gelassenheit eines abstrakten und unpersönlichen Prinzips alle jene hochherzigen Menschen vernichtet.

Diese Gedanken, die veröffentlicht wurden, noch bevor M'Clintock seine gräßlichen Entdeckungen machte, könnten auch als Reaktion auf Beatties Forschungsergebnisse geschrieben sein. Aber solche Kommentare gedeihen nur auf dem Boden des Scheiterns von Wissenschaft und Technologie und verleugnen ihre Erfolge. Denn nach Franklin kamen andere. Auch sie nutzten die neuesten Errungenschaften, die die Technik ihnen zur Verfügung stellen konnte. Sie haben nicht nur die Nordwestpassage entdeckt, sondern auch das letzte und noch so gefährliche Stückchen Erde erobert.

ANHANG 1

Liste der Offiziere und Mannschaft der HMS *Erebus* und HMS *Terror*, entnommen den Musterungsrollen von 1845.
Quelle: Niederschrift der Admiralität, öffentliches Archiv

HMS *Erebus*

KAPITÄN Sir John Franklin

COMMANDER James Fitzjames

LEUTNANTS Graham Gore, Henry Thomas Dundas Le Vesconte, James Walter Fairholme

MAATE Robert Orme Sargent, Charles Frederick Des Voeux, Edward Couch

2. OFFIZIER Henry Foster Collins

SCHIFFSARZT Stephen Samuel Stanley

ASSISTENZ DES SCHIFFSARZTES Harry D.S. Goodsir

PROVIANT- UND ZAHLMEISTER Charles Hamilton Osmer

EISWACHT James Reid

DECKSOFFIZIERE John Gregory (Ingenieur), Thomas Terry (Bootsmann), John Weekes (Zimmermann)

UNTEROFFIZIERE Philip Reddington, Thomas Watson, John Murray, James W. Brown, William Smith, Samuel Brown, Richard Wall, James Rigden, John Sullivan, Robert Sinclair, Joseph Andrews, Edmund Hoar, Richard Aylmore, Daniel Arthur, John Downing, William Bell,

Francis Dunn, William Fowler, John Bridgens, James Hart, John Cowie, Thomas Plater

VOLLMATROSEN Henry Lloyd, John Stickland, Thomas Hartnell, **John Hartnell**, George Thompson, William Orren, Charles Coombs, William Closson, William Mark, Thomas Work, Charles Best, George Williams, John Morphin, Thomas Tadman, Abraham Sealey, Thomas McConvey, Robert Ferrier, Josephus Geater, Robert Johns, Francis Pocock

ROYAL MARINES David Bryant (Sergeant), Alexander Paterson (Korporal), Joseph Healey (Soldat), **William Braine** (Soldat), William Reed (Soldat), Robert Hopcraft (Soldat), William Pilkington (Soldat)

SCHIFFSJUNGEN George Chambers, David Young

HMS *Terror*

KAPITÄN Francis Rawdon Moira Crozier

LEUTNANTS Edward Little, John Irving, George Henry Hodgson

MAATE Robert Thomas, Frederick John Hornby

2. OFFIZIER Gillies Alexander Macbean

SCHIFFSARZT John Smart Peddie

ASSISTENZ DES SCHIFFSARZTES Alexander Macdonald

SCHREIBER Edwin James Howard Helpman

EISWACHT Thomas Blanky

DECKSOFFIZIERE Thomas Honey (Zimmermann), John Lane (Bootsmann), James Thompson (Ingenieur)

UNTEROFFIZIERE Reuben Male, Thomas Johnson, **John Torrington**, Alexander Wilson, David MacDonald, William Rhodes, John Kenley, Thomas Darlington, John Diggle, Thomas Farr, Harry Peglar, John Wilson, Samuel Honey, William Goddard, Thomas Jopson, Thomas Armitage, Cornelius Hickey, William Gibson, Luke Smith, William Johnson

VOLLMATROSEN George Cann, William Shanks, David Sims, William Sinclair, William Jerry, Henry Sait, Alexander Berry, John Bailey,

Samuel Crispe, John Bates, William Wentzall, William Strong, John Handford, Charles Johnson, David Leys, George Kinnaird, Magnus Manson, James Walker, Edwin Laurence

ROYAL MARINES Solomon Tozer (Sergeant), William Hedges (Korporal), Henry Wilkes (Soldat), John Hammond (Soldat), James Daly (Soldat), William Heather (Soldat)

SCHIFFSJUNGEN Robert Golding, Thomas Evans

Vier Mannschaftsmitglieder kehrten nach England zurück bevor die HMS *Erebus* und die HMS *Terror* das Polarmeer erreichten: Thomas Burt, John Brown, James Elliot und William Aitken.

ANHANG 2

Die großen Expeditionen, die an der Suche nach der HMS *Erebus* und der HMS *Terror* beteiligt waren:

1846-47	Dr. John Rae (Überland-Expedition)
1847-49	Sir John Richardson and Dr. John Rae (Überland-Expedition)
1848-49	Capt. Sir James Clark Ross, Capt. E. J. Bird, (HMS *Enterprise* & HMS *Investigator*)
1848-50	Capt. Henry Kellett (HMS *Herald*)
1848-52	Capt. Thomas Moore (HMS *Plover*)
1849-50	Lieut. James Saunders (HMS *North Star*)
1850-51	U.S. Navy Lieut. Edwin J. De Haven, U.S. Navy Lieut. S.P. Griffin (*Advance* & *Rescue*)
1850-51	Capt. Horatio Austin, Capt. Erasmus Ommanney, Lieut. Sherard Osborn, Lieut. Bertie Cator (HMS *Resolute*, HMS *Assistance*, HMS *Intrepid*, HMS *Pioneer*)★
1850-51	Capt. William Penny, Alexander Stewart (*Lady Franklin* and *Sophia*)★
1850-51	Rear Admiral Sir John Ross (*Felix*)
1850	Captain C.C. Forsyth (*Prince Albert*)
1850-55	Capt. Richard Collinson (HMS *Enterprise*)
1850-54	Commander Robert McClure (HMS *Investigator*)
1851	Dr. John Rae (Überland-Expedition)
1851-52	Capt. William Kennedy (*Prince Albert*)
1852	Commander Edward Augustus Inglefield (*Isabel*)
1852-54	Capt. Sir Edward Belcher, Sherard Osborn, Capt. Henry Kellett, Commander Francis Leopold M'Clintock

(HMS *Assistance*, HMS *Pioneer*, HMS *Resolute*, HMS *Intrepid*)

1852-54	William John Samuel Pullen (HMS *North Star*)
1853	Capt. Edward Augustus Inglefield, William Fawckner (HMS *Phoenix* & HMS *Breadalbane*)
1853-54	Dr. John Rae (Überland-Expedition)★
1853-55	U.S. Navy Dr. Elisha Kent Kane (*Advance*)
1855	Chief Factor John Anderson (Überland-Expedition)
1857-59	Capt. Francis Leopold M'Clintock, Lieut. William Robert Hobson (*Fox*)★
1869	Charles Francis Hall (Überland-Expedition)★
1878-80	U.S. Lieut. Frederick Schwatka (Überland-Expedition)

★ Von diesen Expeditionen wurden wichtige Hinweise auf HMS *Erebus* und HMS *Terror* und deren Besatzungsmitglieder erbracht.

BIBLIOGRAPHIE

Es gibt buchstäblich Millionen von Einzeldarstellungen, die über die Vorbereitung und den Untergang der Franklin-Expedition von 1845-48 und die anschließende Suche nach ihr geschrieben wurden. Die folgende Bibliographie ist nicht vollständig, aber sie enthält die Quellen, die es dem Leser ermöglichen, sich über den gesamten Umfang der historischen und wissenschaftlichen Erforschung der Katastrophe zu unterrichten. Jede dieser Schriften ist von den Autoren dieses Buches als Informations- und/oder Illustrationsquelle benutzt worden.

Amundsen, R.: *The North West Passage.* Constable, London 1908

Amy, R., Bahatnagar, R., Damkjar E., and Beattie, O.: The last Franklin expedition: report of a postmortem examination of a crew member. *Canadian Medical Association Journal* 135/1986, S. 115-117

Anderson, J.E., and Merbs, C.F.: A contribution to the human osteology of the Canadian Arctic. Occasional Paper 4, Art and Archaeology Division, Royal Ontario Museum, University of Toronto, 1962

Back, George: *Narrative of an Expedition in H.M.S. Terror. Undertaken with a View to Geographical Discovery on the Arctic Shores in the Years* 1836-7. John Murray, London 1838

Beattie, O.B., and Savelle, J.M.: Discovery of human remains from Sir John Franklin's last expedition. *Historical Archaeology* 17/1983, S. 100-105

Beattie, O.B.: A report on newly discovered human skeletal remains from the last Sir John Franklin expedition.
The Muskox 33/1983, S. 68-77

Beattie, O.B., Damkjar, E., Kowal, W., Amy, R.: Anatomy of an arctic autopsy. *Medical Post* 20 (23)/1985, S. 1-2
Belcher, E.: *The Last of the Arctic Voyages*. Lovell Reeve, London 1855
Bernier, Joseph E.: Report on the Dominion Government Expedition to Arctic Islands and Hudson Strait, on Board the D.G.S. 'Arctic'. Government Printing Bureau, Ottawa 1909
Busch, Jane: An introduction to the tin can. *Historical Archaeology* 15/1981, S.95-104
Cooke, Alan, and Holland, Clive: *The Exploration of Northern Canada*. Arctic History Press, Toronto 1978
Cooper, P.F.: A trip to King William Island in 1954. *The Arctic Circular* VIII, no. 1., 1955
Cyriax, Richard J.: *Sir John Franklin's Last Arctic Expedition*. Methuen, London 1939
Cyriax, Richard J.: Recently discovered traces of the Franklin expedition. *Geographical Journal*, June 1951, S. 211-14
Cyriax, Richard J.: The position of Victory Point, King William Island. *Polar Record* 6/1952, S. 496-507
Cyriax, Richard J.: The two Franklin Expedition records found on King William Island. *The Mariner's Mirror* 44/1958, S.178-189
Cyriax, Richard J.: Adam Beck and the Franklin search. *The Mariner's Mirror* 48/1962, S. 35-51
Cyriax, R.J., and Jones, A.G.E.: The papers in the possession of Harry Peglar, Captain of the Foretop, H.M.S. Terror, 1845. *The Mariner's Mirror* 40/1954, S. 186-195
Francis, Daniel: *The Discovery of the North*. Hurtig, Edmonton 1986
Franklin, John: *Narrative of a Journey to the Shores of the Polar Sea, in the years 1819, 20, 21, and 22. With an Appendix on Various Subjects Relating to Science and Natural History*. John Murray, London 1823
Franklin, John: *Die Geschichte einer zweiten Reise zum Polarmeer in den Jahren 1825-1827*, Weimar 1928
Gibson, William: Some further traces of the Franklin retreat. *Geographical Journal* 79/1932, S. 402-08
Gibson, William: The Dease and Simpson cairn. *The Beaver* 264/1933, S. 44-45
Gibson, William: Sir John Franklin's last voyage. *The Beaver* 268/1937, S. 44-75
Gilder, W.H.: *Schwatka's Search*. Scribner's Sons, New York 1881
Glob, P.V.: *The Bog People*. Faber and Faber, London 1969

Gzowski, P.: *The Sacrament.* McClelland and Stewart, Toronto 1981
Holland, Clive: Franklin expedition and search. In: The Discoverers; an Encyclopedia of Explorers and Exploration, H. Delpar, editor. McGraw-Hill, New York 1980
Huntford, Roland: *The Last Place on Earth.* Pan Books, London 1979
Inglefield, E.A.: Unpublished letter to Sir Francis Beaufort, dated 14 September 1852
Inglefield, E.A.: *A Summer Search for Sir John Franklin with a Peep into a Polar Basin.* Thomas Harrison and Son, London 1853
International Tin Research and Development Council *Historic Tinned Foods.* International Tin Research and Development Council Publication Number 85 (Second Edition), Greenford, Middlesex 1939
Johnson, R.E., Johnson, M.H., Jeanes, H.S., and Deaver, S.M. *Schwatka: The Life of Frederick Schwatka (1849-1892), M.D., Arctic Explorer, Cavalry Officer.* Horn of the Moon, Montpelier 1984
Kane, Elisha Kent: *The U.S. Grinnell Expedition in Search of Sir John Franklin.* Harper and Brothers, New York 1853
Kane, Elisha Kent: *Arctic Explorations: The Second Grinnell Expedition in Search of Sir John Franklin, 1853, '54, '55.* Childs and Peterson, Philadelphia 1856
Kane, Elisha Kent: *Arctic Explorations in Search of Sir John Franklin.* T. Nelson and Sons, London 1898
Lind, James: A Treatis on Scurvy. Facsimile edition (1953), C.P. Stewart and D. Guthrie, ed. Edinburgh University Press 1753
Loomis, C.C.: *Weird & Tragic Shores.* Macmillan, London: 1971
MacInnis, Joe: *The Land that Devours Ships.* CBS Enterprises, Toronto 1985
M'Clintock, F.L.: *The Voyage of the 'Fox' In Arctic Seas.* John Murray, London 1908
M'Dougall, George Frederick: *The Eventful Voyage of H.M. Discovery Ship 'Resolute' to the Arctic Regions, in Search of Sir John Franklin and the Missing Crew of H.M. Discovery ships 'Erebus' and 'Terror', 1852, 1853, 1854.* Longman, Brown, Green, Longmans and Roberts, London 1857
Markham, A.H.: *Life of Sir John Franklin and the North-West Passage.* G. Philip, London 1891
Martin, Constance: *James Hamilton: Arctic Watercolours.* Glenbow Museum, Calgary 1983

Murchison, R.: Commander. E.A. Inglefield – Royal Awards. *Journal of the Royal Geographical Society* 23/1853, S. ix-ixi
Nanton, Paul: *Arctic Breakthrough.* Clarke, Irwin & Co., Toronto 1970
Neatby, L.H.: *In Quest of the Northwest Passage.* Longmans, Green and Company, Toronto 1958
Neatby, L.H.: *Search for Franklin.* Hurtig, Edmonton 1970
Newman, Peter C.: *Company of Adventurers.* Penguin Books, Markham 1985
Notman, D., Anderson, L., Beattie, O., and Amy, R., n.d. Arctic paleoradiology: portable x-ray examination of two frozen sailors from the Franklin expedition (1845-48). *American Journal of Roentgenology:* April, 1987
Nourse, J.E. (Hrsg.): *Narrative of the Second Arctic Expedition of C.F. Hall.* United States Naval Observatory, Washington 1879
Osborn, Sherard: *Stray Leaves from an Arctic Journal; or, Eighteen Months in the Polar Regions, in Search of Sir John Franklin's Expedition, in the Years 1850-51.* Longman, Brown, Green, and Longmans, London1865
Osborn, Sherard (Hrsg.): *The Discovery of the North-West Passage by HMS 'Investigator', Capt. R. M'Clure. 1850, 1851, 1852, 1853, 1854, Second Edition.* Longman, Brown, Green, Longmans and Roberts, London 1857
Owen, Roderic: *The Fate of Franklin.* Hutchinson, London 1978
Parry, William Edward: *Reise zur Entdeckung einer nordwestlichen Durchfahrt,* Jena 1821
Rae, John: Arctic exploration, with information respecting Sir John Franklin's missing party. *Journal of the Royal Geographical Society* 25/1855, S. 246-56
Rasmussen, K.: *Across Arctic America: Narrative of the Fifth Thule Expedition.* G.P. Putnam's Sons, New York 1927
Read, P.P.: *Alive: the Story of the Andes Survivors.* Avon Books, New York 1974
Roland, Charles G.: Saturnism at Hudson's Bay: The York Factory Complaint of 1833-1836. *Canadian Bulletin of Medical History* 1/1984, S. 59-78
Ross, John: *Narrative of a Second Voyage in Search of Northwest Passage, and of a Residence in the Arctic Regions.* A.W. Webster, London 1835

Shelley, Mary: *Frankenstein*. Oxford, Toronto 1980
Simpson, Thomas: *Narrative of the Discoveries on the North Coast of America: Effected by the Officers of the Hudson's Bay Company During the Years 1836-39*. Richard Bentley, London 1843
Stackpole, E.A. (Hrsg.): *The Long Arctic Search: The Narrative of Lieutenant Frederick Schwatka, U.S.A., 1878-1880*. Marine Historical Association 1965
Stefansson, V.: *Unsolved Mysteries of the Arctic*. New York 1939
Sutherland, Patricia D. (Hrsg.): *The Franklin Era in Canadian Arctic History, 1845-1859*. Mercury Series Archaeological Survey of Canada Paper No. 131, National Museums of Canada, Ottawa 1985
Sutherland, Peter: *Journal of a Voyage in Baffin's Bay and Barrow Straits, in the Years 1850-1851, performed by H.M. Ships 'Lady Franklin' and 'Sophia', under the Command of Mr William Penny, in Search of the Missing Crews of H.M. Ships 'Erebus' and 'Terror'*. Longman, Brown, Green, and Longmans, London 1852
Wallis, Helen: England's Search for the Northern Passages in the Sixteenth and Early Seventeenth Centuries. *Arctic* Vol. 37, No. 4., 1984
Watt, J., Freeman, E.J., and Bynum, W.F.: *Starving Sailors: the Influence of Nutrition Upon Naval and Maritime History*. National Maritime Museum, Bristol 1981
Wonders, W.C.: Search for Franklin. *Canadian Geographical Journal* 76/1968, S. 116-27
Woodward, F.J.: *Portrait of Jane: A Life of Lady Franklin*. Hodder and Stoughton, London 1951
Wright, Noel: *Quest for Franklin*. London 1959
Young, Allen: *The Two Voyages of the Pandora in 1875 and 1876*. Edward Stanford, London 1879

Weitere Zeitschriften und Magazine

Blackwood's Edinburgh Magazine, November 1855
Edmonton Journal, 9 September 1930
Edmonton Sun, 24 September 1984, 26 September 1984, 21 October 1984
Illustrated London News, 24 May 1845, 12 October 1850, 18 February 1854, 28 October 1854, 15 October 1859, 1 January 1881
The Times, 26 April 1845, 12 May 1845, 23 December 1851, 3 January 1852

Toronto Globe 4 April 1850, 30 April 1850, 23 October 1854, 25 October 1854, 11 October 1859

REGISTER

Advance 149
Aleekee, Mike 53 ff
Alt, Fred 52
American Geographical Society 45
Amundsen, Roald 49, 119
Amy, Roger 91, 129
Anderson, James 29
Anderson, Larry *116*, 129
Assistance, HMS 22, 27
Atomabsorptionsanalyse 123
Aufzeichnungen, gefundene *35*, 84
Austin, Horatio Thomas 20, 22, 99
Autopsie 101, 106, 108 ff, 122, 138 f, 150 f, 161 f
Autopsie- und Röntgenzelt 116
Autopsieergebnisse 158

Back River 28, 34, 62
Baffin Bay 15, 18, *33*, 34, 91
Baffin Island 6
Banks Island 99
Banting, Sir Frederick 100
Barren Grounds 10
Barretto Junior 17
Barrow, John 8 f
Barrow Strait 41, 91
Bathurst Island 27
Beattie, Owen 50 ff
Beattie, Owen in den Ruinen des Northumberland House 116
Beaufort, Sir Francis 117
Beechey Island 22, 25, 38, 41, *52* 68, 71, 73, 85, 87, 91 ff
Beechey, Sir William 94
Belcher, Sir Edward 27, 99, 100, 116
Bellot, Joseph René 99
Bellot Strait 34
Beringstraße 15, 19, 20, 42
Blackwood's Edinburgh Magazine 30, 160
Blei, Bleigehalt 83 ff, 113, 123, 156
Bleivergiftung 83 ff, 127, 153, 157 f
Booth Point 62
Boothia, Halbinsel 8, 28, 42, 71
Bootplatz, Franklins 38 f, *39*, 46, 79, 80 f
Braine, William 23, 26, 85, 91, 92 ff, 99, 111, *116 f*, 127 f, 144 ff, 156, 157 f
Bray, Donald 128
Breadalbane 101, *101*
Buchan, David 10
Burwash, L.T. 50, 70

Cape Crozier 39
Cape Felix 42, 66, 67
Cape Jane Franklin 68
Cape John Herschel 41, 42
Cape Maria Louisa 67
Cape Riley *21*, 21, 25, 94, 116
Cape Spencer 23
Carlson, Arne *52*, 63 ff, 93, 116
Carter, Howard 121
Churchill River 7
Collinson Inlet *52*, 71
Collinson, Richard 20
Coppermine River 10
Cornwallis Island 27, 36, 91
Crozier, Francis *11*, 12, 34, 36, 38, 40, 84, 125, 126
Crozier's Landing *52*, 68, 70, 71

Damkjar, Eric 93, 129
Dannet, Kapitän 18
Davis, John 6
De Haven, Edwin J. 21, 23
Dease, Peter Warren 42
Denkmal, von Sir Edward Belcher errichtet 116
Devon Island *21*, 21, 25, 27, *52*, 94
Dickens, Charles 2, 14
Digby, Karen 52 ff, *52*
Disco Bay 17
Douglas Bay *52*

Edmonton Journal 50
Enterprise 18
Enterprise, HMS 20
Erebus Bay 41, *52*, 64, 74 f, 92
Erebus, HMS, Besatzung 161
Erebus, HMS und *Terror, HMS* 3, 5, 8, 9, 12 ff, 23, 27, 36, 68, 91
Exhumierung 26, 86, 87, 94, 95 ff, 101 ff, 113 ff, 116, 132 ff, 144 ff
Exhumierung von William Braine 116

Fairholme, James Walter 17
Feldforschung 1982, 63 ff
Feldforschung 1984, 91 ff
Feldforschung 1986, 129 ff
Fitzjames, James 12, 13, *13*, *14*, 17, 25, 34, 38, 84, 126
Fort Good Hope 16
Fort Resolution 16
Fox 33, *33*, 34, 40
Franklin, Eleonor 16
Franklin, Lady Jane 16, 17, 18 f, 27, 30, 32, *32*, 33, 40, 117
Franklin Point 68
Franklin, Sir John *7*, 9-10 (Biographie), 16, 17, 126, 127, 159
1. Polarexpedition 10
2. Polarexpedition 19
3. Polarexpedition 3 ff, 12
Franklin-Denkmal auf dem Waterloo Place in London 43
Franklins Gedenkstein in Westminster Abbey 49
Franklins Winterlager 92, 95, 98, *116*
Frobisher, Martin 6

Gedenkstätte auf Beechey Island 100
Gibson, William 57
Gilbert, W.E. 50

Gjoa Haven 53, 64
Gjoa 49, 119
Gladman Point 58
Glasfragmente 69, *69*
Goldner, Stephan 25, 113, 155
Goodsir, Harry D.S. 138, *140*, 143
Gore, Graham 36
Gore Point 71, 73
Government of the Northwest Territories 96
Grab, John Hartnells 116
Grabinschriften 23, 24, *52*, 93, 103
Griffiths, Edward 17
Grinnell, Henry 21, 27
Gräber auf Beechey Island 23, 24, *24, 52*
Grönland 17

Hall, Charles Francis 44, *44*, 45
Hartnell, John 23, 85, 91, 92ff, 99, 111, 113ff, *116f*, 127f, 130ff, 156, 157f,
Hartnell, Sarah 128
Hartnell, Thomas 128, 134
Hearne, Samuel 8
Herzog von Wellington 10
Hiqiniq, Kovic 53ff
Hobson, William Robert 34, 35, *35*, 38ff, 40, 67, 70, 73, 79, 84
Honey, Thomas 125
Hudson Bay 6, 10
Hudson's Bay Company 8, 16, 21, 28, 29, 62

ICP-Atomemissionsspektroskopie s. Spurenelemente-Analyse
Illustrated London News 15, 21, 28, 40, 43, 48
Inglefield, Edward Augustus 27, 116, 117, 133
Inuit 3, 8, 28, 29, 30, 34, 44f, 47, 48, 53, 57
Investigator, HMS 20, 99
Irving, John 36, 46, *47*, 69
Isabelle 27, 117

Jackson, A.Y. 100
Jones Sound 20, 27

Kane, Elisha Kent 23, *24*, 27, 149
Kannibalismus 59, 61
Keller, Henry 19
Kennedy, William 27, 99
King William Island 3, 21, 29, 30, 34f, *35*, 39, 41, 44, 46, 48ff, 62f, 66ff, 71, 82
King William's Land s. King William Island 45
Kirschbaumpfeife 79

Knight, James 7f
Knochenfragmente, Funde 55f, *59*, 78, 80, 81, 82, 83
Konservendosen 112, 113, 131f, 153ff, *154, 156*, 159
Kopfbretter 23, 24, 92
Kowal, Walt 63ff, 91, *116f*, 129
Königin Victoria 28

Lady Franklin, HMS 22
Lager des Forschungsteams 1984 116f
Lancaster Sound 8, 15, 19, 26, 91
Larsen, Henry Asbjorn 50
Le Vesconte, Henry Thomas 45, 46ff
Little Point 82
London Gazette 28

Macdonald, Alexander 124, 125
MacInnis, Joe 101
Mackenzie River 19
Marble Island 8
Martin, Robert 18
McClure, Robert 20, 27, 99
M'Clintock, Francis Leopold *31*, 34, 35, 38ff, 40, 46, 63, 67, 69, 70, 79, 100, 160
Melville Island 8, 27
Mercy Bay 99
Montreal Island 34
Moorleichen 121
Morgan, Thomas 99
Mount Erebus 9
Mumien 121, 122
Munk, Jens 6
Murchinson, Sir Roderick 16, 116

Napoleonischer Krieg 10
Nordpol 49
Nordwestpassage 4ff, 9, 12, 15, 27, 41, 43, 49, 50, 91, 110, 119, 151
North Star, HMS 99, 100
Northumberland House 100
Notman, Derek 129
Nungaq, Joelee 91, *116*, 129

Ommanney, Erasmus 20, 21, *21*, 22, 25
Orkney-Inseln 16f
Osborn, Sherard 22, 24, 40

Parks Canada 98
Parry, William Edward 6, 8, 94
Peabody, George 27
Peabody Point 53, 57
Peary, Robert 49
Peddie, John 124
Peel Sound 42
Peffer River 35, 45, 48

Peglar, Harry 35
Pelly Bay 29
Penny, William 20, 22f, 99, 116, 145
Permafrost 95, 96, 97, 104, 111, 116, 132
Phoenix, HMS 99, *101*
Pioneer, HMS 22
Point Le Vesconte 73
Polar Continental Shelf Project 63, 64, 72
Polarregionen 6
Prince Albert 27, 99
Prince of Wales 18
Prince of Wales Island 27, 42

Qilakitsoq 122

Rae, John 19, 21, 28, 29, 30
Regent's Bucht 27
Resolute (Cornwallis Island) 63, 64
Richardson Point 53
Richardson, Sir John 19, 43
Riley, Richard 94
Rivière de la Rocquette 75
Ross, John 6, 8, 9, 21, 38, 67, 71
Ross, Sir James Clark 9, 12, 19, *20*, 38, 42, 67
Royal Canadian Mounted Police 50, 52, 87, 96
Royal Geographical Society 16, 48
Royal Navy 9, 10
Russel Island 27
Ruszala, Geraldine 91
Röntgenuntersuchungen 135f, 148, 150, 151, 158
Röntgenzelt 116

Sarg, John Hartnells, 116
Savelle, James 52ff, *52, 116*, 129
Schmuck- und Gedenkplatten auf den Särgen *52*, 102, 114, *116*, 118, 126, 145f
Schwatka, Frederick 45ff, *47*, 57, 63, 69, 73, 76, 79
Schweger, Barbara 129
Scott Polar Research Institute 129
Scott, Robert Falcon 49
Seal Bay 63, 73
Simpson Strait 3, 41, 48, 53
Simpson, Thomas 42
Skelett vom Booth Point 35, 58, 127, 153, 157
Skelettfunde 73, 78, 80, 83
Skorbut 4, 7, 8, 15, 62, 85, 127
Smith, W.T. *39*
Somerset Island 8, 42
Spenceley, Brian 128, 129, 133
Spikes aus Messingschrauben 82
Spitzbergen 10

Spurenelemente-Analyse 58, 83, 153
St. Roch 50
Starvation Cove 5, 48, 53, 62
Stefansson, Vilhjalmur 49
Steinmal *37*, 38, 73, 100
Stromness Harbour 16, 17
Suchexpeditionen 19ff, 98
Suchexpeditionen, Übersicht 164, 165
Sutherland, Peter 26, 116, 118, 133f
Südpol 49

Tasmanien 11
Tennyson, Alfred Lord 30, 49
Terror, HMS 12, 24, 36, *47*, Besatzung 162-163
Tests 156
Times 12, 15, 16, 87
Toronto Globe 19, 28, 29, 40
Torrington, John 24, *52f*, 85, 91, 92ff, 99, 105ff, 127f, 157f
Tulloch Point 58
Tungilik, Arsien 63, 64ff

Union Bay *52*

Van Diemen's Land 11
Victoria Island 27
Victoria Strait 21, 82, *52*
Victory, HMS *8*, 9, 71
Victory Point *35*, 36, *37*, 40, 42, 46, *52*, 68

Waterloo, Schlacht bei 10
Watts, William 6
Wellington Channel 36, 41, 91, 92, 99
Wilson, Alexander 125

Yellowknife 52

Bildnachweis:

Farbabbildungen:
Alle Abb. von Dr. Owen Beattie, ausgenommen:
Eisbär von Laurence Anderson; *Beechey Island von Devon Island aus gesehen* von Walt Kowal; *Hartnells Hemd* von Brian Spenceley

Schwarzweiß-Abbildungen:
Seiten 6, 7, 11, 13, 14, 20, 21, 24, 33, 35, 39, 43, 101, 141 mit frdl. Genehmigung des National Maritime Museums, Greenwich;
S. 27, 47 mit frdl. Genehmigung des Boreal Institute of Northern Studies, Alberta, Canada; S. i, 44 Sammlung John Geiger;
S. 31, 32 mit freundlicher Genehmigung der Mary Evans Picture Library.
Karten und Zeichnungen von Neil Hyslop

Die Autoren:

OWEN BEATTIE PhD wurde in Victoria, British Columbia, geboren und ist Associate Professor für Anthropologie an der University of Alberta, Kanada. Als Teil einer Langzeituntersuchung über die Auswirkungen der Ernährung und Umwelt auf die Gesundheit der europäischen Forscher des 19. Jahrhunderts ist er Leiter und 'principal investigator' des Franklin-Projektes. Er ist verheiratet und lebt mit seiner Frau und drei Kindern in Alberta.

JOHN GRIGSBY GEIGER wurde 1960 in Ithaka, New York, geboren. Er studierte an der University of Alberta, wo er im Fach Geschichte promovierte. Er schreibt Artikel für das EDMONTON JOURNAL und wohnt in Alberta. 1984 bekam er den Edward Dunlop Award of Excellence für seine Berichterstattung über die wissenschaftlichen Forschungen über das Schicksal der Franklin-Expedition.

Serie Piper

Abenteuer

1247

Verletzt hängt der junge Bergsteiger Joe Simpson am Seil, gehalten von seinem Freund Simon Yates, doch der spürt, daß er allmählich von dem fremden Gewicht heruntergezogen wird. Um sein eigenes Leben zu retten, zerschneidet Yates das Seil ... »Ein Abenteuerbuch, das einem das Blut in den Adern stokken läßt.« *Sunday Express*

1327

Welches an Selbstmord gemahnende Wagnis, in einem serienmäßigen Faltboot das gefürchtete, legendäre Kap Hoorn umrunden zu wollen! Arved Fuchs erzählt hier aber nicht nur von dem fast unglaublichen Erfolg seines Unternehmens, sondern auch vom düsteren Schicksal der feuerländischen Indianer.

1352

Reinhold Messner, einer der letzten großen Abenteurer unserer Zeit, erzählt hier erstmals sein Leben. Seine spektakulärsten Gipfelsiege, aber auch seine erschütterndsten Niederlagen bis zum vergeblichen Sturm auf die Lhotse-Südwand 1989 sind in diesem pakkenden Buch versammelt.